Mützen und Kappen
für jede Jahreszeit

Sigrid Henning

Mützen und Kappen für jede Jahreszeit

Gehäkelt und gestrickt

Ravensburger Ratgeber
im Urania Verlag

Wir danken der Firma Schachenmayr für die freundliche
Unterstützung.

Der Verlag dankt Nadine Diederichs, Eric Benno Dieterle, Manola Grot-
johann, Shadia Hashim, Petra Kahl, Mirko Pflock, Sandra Pflock, Moritz
Pflock und Uli Staiger für ihre Mitarbeit als Models an diesem Buch.

Die Deutsche Bibliothek –
CIP-Einheitsaufnahme
Ein Titeldatensatz für diese Publikation ist bei
Der Deutschen Bibliothek erhältlich.

ISBN 3-332-01353-X
www.dornier-verlage.de
www.urania-ravensburger.de
1. Auflage 2002
© 2002 Urania Verlag, Berlin
Der Urania Verlag ist ein Unternehmen
der Verlagsgruppe Dornier.
Alle Rechte vorbehalten.

Umschlaggestaltung: Behrend & Buchholz, Hamburg
Fotos: Sabine Münch, Berlin
Modelle: Sigrid Henning
Lektorat: Berliner Buchwerkstatt, Ivana Jokl/Vera Olbricht
Gestaltung und Layout: Berliner Buchwerkstatt, Britta Dieterle
Gesamtherstellung: Urania Verlag, Berlin

Printed in Germany

Gedruckt auf alterungsbeständigem
Papier mit chlorfrei gebleichtem Zellstoff.

Die Schreibweise entspricht den Regeln
der neuen Rechtschreibung.

Historisches zur Kopfbedeckung

Wer kennt das nicht: Der Wind pfeift um die Häuserecken, streicht kühl über die Felder oder weht böig übers Meer am Strand entlang und kühlt uns das Haupt, insbesondere unsere Ohren, weit mehr als wir dies zu ertragen gewillt sind. Doch auch vor der Sonne gilt es einen der empfindlichsten Körperteile zu schützen. Über den rein praktischen Zweck hinaus unterliegt die Kopfbedeckung wie alle Kleidung über die Jahrhunderte dem modischen und auch standesgemäßen Zeitgeist.

Wann, so fragt man sich, kamen die ersten gestrickten sowie gehäkelten Mützen, Kappen und Hüte auf und wie sahen die ersten »Modelle« solcher Kopfbedeckungen aus?

Das Stricken

Erste Strickereifragmente sind schon aus dem 5. Jahrhundert v. Chr. aus dem fatimidischen Ägypten bekannt. Der »Erfinder« der Strickkunst hingegen ist bis heute unbekannt. Man vermutet jedoch, dass das Stricken über das islamische Spanien das Abendland erreichte. Sicherlich, das scheint unumstritten, gehört das Stricken ebenso wie das Weben zu den ältesten Kulturtechniken des Menschen.

Die ersten Einstrickmuster aus dem Norden Europas, letztlich auch geometrische Muster aus dem arabischen Raum, sind aus dem 9.–11. Jahrhundert bekannt. Sie wurden wohl von den Normannen aus dem über Jahrhunderte unter arabischem Einfluss stehenden Sizilien nach England gebracht und von dort unter den nordischen Völkern Europas verbreitet. Gleichwohl könnten die Araber auf ihrem Vordringen nach Nordafrika, Spanien und 732 sogar bis Mittelfrankreich oder über ihre engen Handelsbeziehungen mit Italien die Kunst des Strickens im europäischen Raum verbreitet haben.

Gewerbsmäßig strickten vor allem Männer, die sich mit Strick- und Vorläufern von Häkelarbeiten ihren Lebensunterhalt verdienten. Diese Stricker organisierten sich seit dem 16. Jahrhundert zunehmend in Zünften oder Gilden. Die älteste Strumpfstrickergilde ist 1527 in Paris nachzuweisen, der im Laufe des Jahrhunderts weitere in vielen anderen Städten folgten.

Dieses Handwerk widmete sich in seinen Anfängen vornehmlich der Herstellung von Strümpfen, Handschuhen und Mützen. Aus dem 13. Jahrhundert sind rundgestrickte Arbeiten aus Wolle

und Seide erhalten, und in mittelalterlichen Darstellungen finden sich frühe Zeugnisse des Strickens, wie eine Darstellung einer mit vier Nadeln rundstrickenden Muttergottes. Bodenfunde förderten darüber hinaus gestrickte Kopfbedeckungen aus dem 15. Jahrhundert zutage. Aus dem 16. Jahrhundert haben sich fein gemusterte Strickhemden, Jacken und Hosen meist aus dem höfischen Bereich erhalten und gestrickte Seidenstrümpfe kamen in Mode. Gestrickte Teppiche, Behänge, Decken und Kissen verbreiteten sich in den Haushalten. Auch für die Volkstrachten erreichte die Strickkunst in dieser Zeit höchste Bedeutung.

Strickmützen gewannen zunehmend an Beliebtheit, vor allem das Barett, eine an den Seiten versteifte, flache, randlose Kopfbedeckung, die auch Teil der Amtstracht von Professoren, Richtern und anderen Amtsträgern wurde. In der Regierungszeit von Königin Elisabeth I. (1558–1603) erreicht die englische Strickkunst einen Höhepunkt. Besonders in der Umgebung von London entwickelte sich ein reges Strickergewerbe, weil die Königin Gesetze erließ, die das Gewerbe der Handstrickwaren stärker förderten. So wurde im

Jahre 1565 beispielsweise verfügt, dass »niemand mehr Mützen oder ähnliche Dinge aus Filz herstellen lassen durfte, ausgenommen Hüte.«
1589 erfand William Lee in England den Strumpfwirkstuhl und rund 300 Jahre später, im 19. Jahrhundert, kamen die ersten Flachstrickmaschinen zur Herstellung aller Arten von Strickereien in Gebrauch. Um die Mitte des 18. Jahrhunderts wurde das Stricken zum bürgerlichen Zeitvertreib und zur beliebten Beschäftigung der Damenwelt.

Die Strickergilden und -zünfte konnten sich, wie andere organisierte Gewerbe, jedoch nicht länger halten. Die Frauen fertigten nun für ihre Familien Wollstricksachen aller Art wie Handschuhe, Muffe, Kopfbedeckungen, Schultertücher und Schals.

Neben den Wollfaden traten zwischen 1770 und 1780 Garne auf wie Seide, Baumwolle und Leinenfäden, die über den Handel mit östlichen Ländern, besonders mit Indien, nach Europa gelangten und das so genannte Weißstricken ermöglicht. Babyjäckchen und -mützchen, Hauben, Kappen, Damen-Beuteltaschen und andere filigrane Strickarbeiten entstanden.

Zur gleichen Zeit entwickelte sich auch die Perlstrickerei, die ihren Höhepunkt in der Mitte das 19. Jahrhunderts erreichte, heute jedoch kaum noch bekannt ist.

Infolge der industriellen Revolution und den nunmehr maschinell gefertigten Kleidungsstücken tritt die Handarbeitskunst eher in den Hintergrund. Vor allem in Notzeiten wurde gestrickt und so erlebten die im 19. Jahrhundert aufgekommenen Handarbeitszeitschriften im 20. Jahrhundert vor allem zwischen den beiden Weltkriegen erneut einen großen Aufschwung.

In der heutigen Zeit der Rückbesinnung auf traditionelle und natürliche Lebensweisen finden Stricken und Häkeln sowohl als praktische wie auch als künstlerische Tätigkeit erneut weite Verbreitung.

Das Häkeln

Die Kunst des Häkelns lässt sich ebenso wie das Stricken bereits in den Anfängen der Menschheit belegen. Sie ist hervorgegangen aus der vorgeschichtlichen Schlingentechnik zur Herstellung von Netzen, bei der aus einem einzigen Faden ein Flächen-

gebilde verknoteter Maschen gefertigt wurde.

Schon in ägyptischen Gräbern fand man verknotete Netze. Ein Wandbild aus Pompeji zeigt einen Frauenkopf mit geknüpftem oder gehäkeltem Haarnetz, ähnlich der Netzkappe in diesem Buch. In koptischen Gräbern aus dem 5. Jahrhundert fand man Kappenreste, deren Schling- und Flechttechniken Vorläufer des heutigen Häkelns sind.

Im Gegensatz zum Stricken ist Häkeln von Anbeginn eine in allen Gesellschaftsschichten geschätzte weibliche Handarbeit. Die Häkeltechnik, wie sie uns auch heute noch vertraut ist, ist wohl im 16. Jahrhundert entstanden. Im europäischen Raum erlebte die Häkelkunst ihre Blütezeit vor allem im 17. und 18. Jahrhundert.

Während das Häkeln verziert und schmückt, dient das Stricken meist praktischen Dingen. Die kunst- und prachtvollen filigranen Häkelarbeiten galten zu allen Zeiten als Kostbarkeiten der Handarbeitskunst. Erst in der zweiten Hälfte des 19. Jahrhunderts wurden auch Dinge des täglichen Gebrauchs wie Mützen, Schals, Capes und Umschlagtücher gehäkelt.

◆ 5 Modelle und 8 Varianten

Die in diesem Kapitel vorgestellten Mützen und Kappen werden
in abwechselnden Reihen aus
festen Maschen und Stäbchen
gefertigt. Selbst für Häkelan-
fänger sind die unterschiedlichen Modelle einfach herzu-
stellen. Sie werden oben am
Mittelpunkt begonnen und in
Runden gearbeitet, die ersten
8 Runden sind bei allen gleich
gestaltet. Die meisten Modellvarianten sind für Damen angelegt und mit geringfügig veränderter Maschenzahl entstehen
Herren- oder Kindergrößen.
Je nach Belieben können ausgehend von der Grundform
Abwandlungen, wie größere
oder kleinere Krempen, vorge-
nommen werden. Die Varianten
der Grundmodelle veranschau-
lichen, wie sich durch Farben
oder andere Garne abwechs-
lungsreiche Effekte erzielen
lassen. Die Restemütze (s. S. 19)
soll die Phantasie anregen und
Mut zu eigenen Farb- und
Formgebungen machen.
Die beschriebene Modellgröße
entspricht, wenn nicht anders
erwähnt, einem Kopfumfang von
57–58 cm (= Damengröße M).
Hinweise zur Errechnung der
passenden Maschenzahl für die
unterschiedlichen Kopfgrößen,
die notwendigen Häkeltechni-
ken und die Erläuterung der
Häkelschriftzeichen finden Sie
im Anhang ab S. 58.

Modell 1

Modell 1:
Einfache Kappe

(siehe Foto oben)

■ Material
Live von Gedifra,
150 g in Schwarz Nr. 1714;
Häkelnadel Nr. 5.

● Muster
1 Rd fM, 1 Rd Stb im Wechsel.

▼ Maschenprobe
8 R und 11 M = 10 x 10 cm.

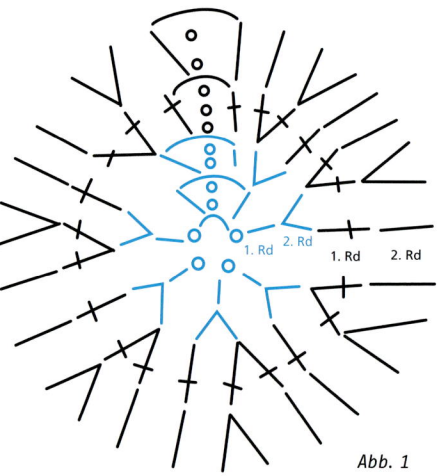

Abb. 1

Ausführung

Anschlagblock (2 Rd): 4 Luftm häkeln und mit 1 Kettm zum Kreis schließen. Die folgenden 2 Rd jeweils mit 2 Luftm beginnen; in der 1. Rd 7 fM in den Luftm-Ring arbeiten und den Kreis mit 1 Kettm schließen. In der 2. Rd 1 fM häkeln, dann die folgenden 6 fM jeweils verdoppeln. Am Ende 1 fM häkeln und mit 1 Kettm den Kreis schließen (Abb. 1, blauer Teil).

Zunahmeblock (7 Rd): Im angegebenen Muster mit Stb beginnend arbeiten, dabei in der 1. Rd jede 2. M, in der 2. Rd jede 3. M, in der 3. Rd jede 4. M und in der 4. Rd jede 5. M verdoppeln. In den weiteren Rd dieses Prinzip fortführen, sodass in der 7. Rd jede 8. M verdoppelt wird. Die Rd mit fM jeweils mit 2 Luftm beginnen, die Rd mit Stb jeweils mit 3 Luftm. Am Ende jeder Rd den Kreis mit einer Kettm schließen (Abb. 1, schwarzer Teil).

Zum Schließen der Runde siehe auch S. 60.

Schließen des Kreises am Ende der Rd

Abnahmeblock (10 Rd): Im angegebenen Muster mit fM beginnend weiterarbeiten. In der 1. Rd jede 13. und 14. M zusammenhäkeln, die 2. Rd ohne Abnahmen arbeiten. In der 3. Rd jede 11. und 12. M zusammenhäkeln, die 4. Rd. wie die 2. Rd arbeiten. In der 5. Rd jede 9. und 10. M zusammenhäkeln, die 6. Rd wie die 2. Rd häkeln. In der 7. Rd jede 4. und 5. M zusammenhäkeln, die 8. und 9. Rd ohne Abnahmen fM arbeiten. In der 10. Rd für die Abschlusskante fM rückwärts häkeln (Krebsm).

Modell 1, Variante 1

Modell 1, Variante 1
(siehe Foto oben)

■ **Material**
Live von Gedifra, 100 g in Grün Nr. 1768, 50 g in Schwarz Nr. 1714; Häkelnadel Nr. 5.

▼ **Maschenprobe**
8 R und 11 M = 10 x 10 cm.

Ausführung
Die Variante wie beim Grundmodell beschrieben häkeln. *Garnwechsel:* Die Rd mit fM in Grün und die Rd mit Stb in Schwarz arbeiten.

Modell 1, Variante 2

(siehe Foto links)

■ **Material**

Live von Gedifra,
150 g in Schwarz Nr. 1714,
50 g in Weiß Nr. 1725,
Maori von Gedifra,
50 g in Orange meliert Nr. 2221;
Häkelnadel Nr. 5.

▼ **Maschenprobe**

8 R und 11 M = 10 x 10 cm.

Ausführung

Die Kappe wie beim Grund-
modell beschrieben häkeln.
Garnwechsel: Als Grundfarbe
Schwarz verwenden. Die 5. Rd
(fM) des Abnahmeblocks in
Weiß, die 6. Rd (Stb) mit doppeltem Faden in Orange meliert
und die 7. Rd (fM) ebenfalls in
Weiß häkeln.

Modell 1, Variante 2

Modell 2, Variante 1

(siehe Foto rechts)

Anleitung auf S. 12/13.

Modell 2, Variante 1

Modell 2

Zunahmeblock (9 Rd): Im angegebenen Muster mit Stb beginnend arbeiten, dabei in der 1. Rd jede 2. M, in der 2. Rd jede 3. M, in der 3. Rd jede 4. M und in der 4. Rd jede 5. M verdoppeln. In den weiteren Rd dieses Prinzip fortführen, sodass in der 9. Rd jede 10. M verdoppelt wird. Die Rd mit fM jeweils mit 2 Luftm beginnen, die Rd mit Stb jeweils mit 3 Luftm. Am Ende jeder Rd den Kreis mit einer Kettm schließen (siehe Abb. 1, schwarzer Teil, S. 8).

Abnahmeblock (7 Rd): Im angegebenen Muster mit fM beginnend weiterarbeiten. In der 1. Rd jede 4. und 5. M zusammenhäkeln, hierbei jeweils in das hintere Glied der M der Vorr einstechen.

Die 2. Rd ohne Abnahmen häkeln. In der 3. Rd jede 4. und 5. M zusammenhäkeln, die 4. Rd wie die 2. Rd arbeiten. In der 5. Rd jede 5. und 6. M zusammenhäkeln, die 6. und 7. Rd ohne Abnahmen häkeln.

Umschlag (2 Rd): Dazu die Mütze drehen und im angegebenen Muster mit Stb beginnend in die Gegenrichtung arbeiten. In der 1. Rd jede 7. M verdoppeln, hierbei jeweils in das hintere Glied der M der Vorr einstechen. Die 2. Rd ohne Zunahmen häkeln.

Modell 2: Baskenmütze

(siehe Foto oben)

■ **Material**
Live von Gedifra,
200 g in Rot Nr. 1744;
Häkelnadel Nr. 5.

● **Muster**
1 Rd fM, 1 Rd Stb im Wechsel.

▼ **Maschenprobe**
8 R und 11 M = 10 x 10 cm.

Ausführung
Anschlagblock (2 Rd): 4 Luftm häkeln und mit 1 Kettm zum Kreis schließen. Die folgenden 2 Rd jeweils mit 2 Luftm beginnen; in der 1. Rd 7 fM in den Luftm-Ring arbeiten und den Kreis mit 1 Kettm schließen. In der 2. Rd 1 fM häkeln, dann die folgenden 6 fM jeweils verdoppeln. Am Ende 1 fM häkeln und mit 1 Kettm den Kreis schließen (siehe Abb. 1, blauer Teil, S. 8).

*Zum Arbeiten des Umschlags in die Gegen-
richtung (von innen nach außen) arbeiten.*

Modell 2, Variante 1

(siehe Foto S. 11)

■ **Material**
Live von Gedifra,
100 g in Grün Nr. 1768,
for you von Gedifra,
50 g in Grün Nr. 1669,
Salsa von Schachenmayr,
50 g in Grün Nr. 72;
Häkelnadel Nr. 5.

Salsa in Grün und for you in
Grün zusammenhäkeln.

▼ **Maschenprobe**
8 R und 11 M = 10 x 10 cm.

Ausführung
Die Mütze wie beim Grund-
modell beschrieben arbeiten.
Garnwechsel: Als Grundmaterial
Live in Grün verwenden. Im
Zunahmeblock werden die
2. und die 4. Rd (fM), die 5. Rd
(Stb) und die 8. Rd (fM) mit dem
doppelten grünen Garn ge-

Modell 2, Variante 2

häkelt, im Abnahmeblock die
1. Rd (fM), die 2. Rd (Stb) sowie
die 5. und die 7. Rd (fM). Beim
Umschlag die letzte Rd (fM) mit
dem doppelten grünen Garn
arbeiten.

Modell 2, Variante 2

(siehe Foto oben)

■ **Material**
Live von Gedifra,
100 g in Rot Nr. 1744,

100 g in Orange Nr. 1721;
Häkelnadel Nr. 5.

▼ **Maschenprobe**
8 R und 11 M = 10 x 10 cm.

Ausführung
Die Mütze wie beim Grund-
modell beschrieben häkeln.

Garnwechsel: Bis einschließlich
2. Rd mit rotem Garn arbeiten,
dann im Wechsel 2 Rd in Orange
und 2 Rd in Rot häkeln.

Modell 3

Zunahmeblock (7 Rd): Im angegebenen Muster mit Stb beginnend arbeiten, dabei in der 1. Rd jede 2. M, in der 2. Rd jede 3. M, in der 3. Rd jede 4. M und in der 4. Rd jede 5. M verdoppeln. In den weiteren Rd dieses Prinzip fortführen, sodass in der 7. Rd jede 8. M verdoppelt wird. Die Rd mit fM jeweils mit 2 Luftm beginnen, die Rd mit Stb jeweils mit 3 Luftm. Am Ende jeder Rd den Kreis mit einer Kettm schließen (siehe Abb. 1, schwarzer Teil, S. 8).

Abnahmeblock (8 Rd): Im angegebenen Muster mit fM beginnend weiterarbeiten. In der 1. Rd jede 13. und 14. M zusammenhäkeln, die 2. Rd ohne Abnahmen arbeiten. In der 3. Rd jede 11. und 12. M zusammenhäkeln, die 4. Rd. wie die 2. Rd arbeiten. In der 5. Rd jede 9. und 10. M zusammenhäkeln, die 6. Rd wie die 2. Rd häkeln. In der 7. Rd jede 4. und 5. M zusammenhäkeln, die 8. Rd ohne Abnahmen in fM arbeiten.

Rollrand (4 Rd): Im angegebenen Muster mit Stb beginnend weiterarbeiten. In der 1. Rd jede 5. M, in der 2. Rd jede 6. M und in der 3. Rd jede 7. M verdoppeln. In der 4. Rd für die Abschlusskante fM rückwärts häkeln (Krebsm).

Modell 3:
Kappe mit Rollrand
(siehe Foto oben)

■ **Material**
Live von Gedifra, 200 g in Schwarz Nr. 1714; Häkelnadel Nr. 5.

● **Muster**
1 Rd fM, 1 Rd Stb im Wechsel.

▼ **Maschenprobe**
8 R und 11 M = 10 x 10 cm.

Ausführung
Anschlagblock (2 Rd): 4 Luftm häkeln und mit 1 Kettm zum Kreis schließen. Die folgenden 2 Rd jeweils mit 2 Luftm beginnen; in der 1. Rd 7 fM in den Luftm-Ring arbeiten und den Kreis mit 1 Kettm schließen. In der 2. Rd 1 fM häkeln, dann die folgenden 6 fM jeweils verdoppeln. Am Ende 1 fM häkeln und mit 1 Kettm den Kreis schließen (siehe Abb. 1, blauer Teil, S. 8).

Modell 3, Variante 1

(siehe Foto rechts)

■ **Material**
Live von Gedifra,
200 g in Rot Nr. 1744,
Maori von Gedifra,
50 g in Orange meliert Nr. 2221;
Häkelnadel Nr. 5.

▼ **Maschenprobe**
8 R und 11 M = 10 x 10 cm.

Ausführung
Anschlag-, Zunahme- und Abnahmeblock wie beim Grundmodell beschrieben arbeiten.
Der Mützenrand ist bei dieser
Variante als Krempe gestaltet
und umfasst 5 Rd; beim Arbeiten der Krempe in der Musterfolge in der 1. Rd jede 4. M, in
der 2. Rd jede 5. M, in der 3. Rd
jede 6. M und in der 4. Rd jede
7. M verdoppeln. In der 5. Rd
für die Abschlusskante fM rückwärts häkeln (Krebsm).
Garnwechsel: Als Grundfarbe Rot
verwenden, die 7. und 8. Rd
(fM) des Abnahmeblocks werden
mit doppeltem Faden in Orange
meliert gearbeitet.

Modell 3, Variante 1

Modell 3, Variante 2

(siehe Foto S. 16)

■ **Material**
Live von Gedifra,
150 g in Schwarz Nr. 1714,
100 g in Weiß Nr. 1725;
Häkelnadel Nr. 5.

▼ **Maschenprobe**
8 R und 11 M = 10 x 10 cm.

Der Mützenrand ist hier als
Krempe gestaltet.

Ausführung
Anschlag-, Zunahme- und
Abnahmeblock wie beim Grundmodell beschrieben arbeiten.
Beim Arbeiten des Mützenrandes
(Krempe) in der Musterfolge in
der 1. Rd jede 4. M, in der 2. Rd
jede 5. M und in der 3. Rd jede
6. M verdoppeln. In der 4. Rd
für die Abschlusskante fM rückwärts häkeln (Krebsm).
Garnwechsel: Als Grundfarbe
Schwarz verwenden, die 2. Rd
(Stb), die 5., 7. und die 8. Rd
(fM) des Abnahmeblocks sowie
die 2. Rd (fM) und die 3. Rd (Stb)
der Krempe in Weiß häkeln.

Modell 3, Variante 2

Modell 3, Variante 2
(siehe Foto links)

Anleitung auf S. 14/15.

Modell 4: Kappe mit Umschlagrand und Pompon

Herrenmodell Größe M

(siehe Foto rechts)

■ **Material**

Live von Gedifra,
250 g in Jeansblau Nr. 1762;
Häkelnadel Nr. 5.

● **Muster**

1 Rd fM, 1 Rd Stb im Wechsel.

▼ **Maschenprobe**

8 R und 11 M = 10 x 10 cm.

Ausführung

Anschlagblock (2 Rd): 4 Luftm häkeln und mit 1 Kettm zum Kreis schließen. Die folgenden 2 Rd jeweils mit 2 Luftm beginnen; in der 1. Rd 7 fM in den Luftm-Ring arbeiten und den Kreis mit 1 Kettm schließen. In der 2. Rd 1 fM häkeln, dann die folgenden 6 fM jeweils verdoppeln. Am Ende 1 fM häkeln und mit 1 Kettm den Kreis schließen (siehe Abb. 1, blauer Teil, S. 8).

Zunahmeblock (7 Rd): Im angegebenen Muster mit Stb beginnend arbeiten, dabei in der 1. Rd jede 2. M, in der 2. Rd jede 3. M, in der 3. Rd jede 4. M und in der 4. Rd jede 5. M verdoppeln. In den weiteren Rd dieses Prinzip fortführen, sodass in der 7. Rd jede 8. M verdoppelt wird. Die Rd mit fM jeweils mit 2 Luftm beginnen, die Rd

Modell 4   Modell 5, Variante

mit Stb jeweils mit 3 Luftm. Am Ende jeder Rd den Kreis mit einer Kettm schließen (siehe Abb. 1, schwarzer Teil, S. 8).

Abnahmeblock (9 Rd): Im angegebenen Muster mit fM beginnend weiterarbeiten. In der 1. Rd jede 13. und 14. M zusammenhäkeln, die 2. Rd ohne Abnahmen arbeiten. In der 3. Rd jede 11. und 12. M zusammenhäkeln, die 4. Rd. wie die 2. Rd arbeiten. In der 5. Rd jede 9. und 10. M zusammenhäkeln, die 6. Rd wie die 2. Rd häkeln. In der 7. Rd jede 5. und

6. M zusammenhäkeln, die 8. und 9. Rd ohne Abnahmen in fM arbeiten.

Umschlag (6 Rd): Dazu die Mütze drehen und im angegebenen Muster mit Stb beginnend in die Gegenrichtung (von innen nach außen) arbeiten (siehe auch Modell 2, S. 12, kleines Foto), dabei in das hintere Glied der M der Vorr einstechen. In der 1. Rd jede 7. M verdoppeln, die 2.–5. Rd ohne Zunahmen häkeln. Danach die Mütze wieder drehen und in der 6. Rd die fM in der Originalrichtung durch die Stb der Vorr häkeln (Abb. 2).

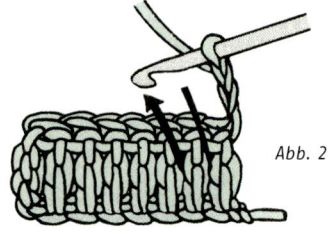

Abb. 2

Einen Pompon wie im Anhang beschrieben (siehe Anhang, S. 63) erstellen und an der Mützenspitze befestigen.

Modell 4, Variante
Damenmodell Größe L
(siehe Foto unten)

■ Material
Live von Gedifra,
100 g in Jeansblau Nr. 1762,
150 g in Hellblau Nr. 1709;
Häkelnadel Nr. 5.

Modell 4, Variante

▼ Maschenprobe
8 R und 11 M = 10 x 10 cm.

Ausführung
Den Anschlag- und Zunahmeblock sowie den Umschlag wie beim Grundmodell beschrieben arbeiten. Der Abnahmeblock umfasst bei dieser Variante 11 Rd; bis einschließlich 6. Rd wie das Grundmodell häkeln und in der 7. Rd jede 6. und 7. M zusammenhäkeln. Die 8.–11. Rd ohne Abnahmen in fM arbeiten.

Garnwechsel: Als Grundfarbe Hellblau verwenden, die 6. Rd (Stb), die 7. und die 8. Rd (fM) des Abnahmeblocks sowie die 4. Rd (fM), die 5. Rd (Stb) und die 6. Rd (fM) des Umschlags werden in Jeansblau gehäkelt. Den Pompon ebenfalls in Jeansblau arbeiten (siehe Anhang, S. 63) und an der Mützenspitze befestigen.

Modell 5: Konischer Hut mit Umschlag
(siehe Foto S. 19)

■ Material
Live von Gedifra, 200 g in Schwarz Nr. 1714,
for you von Gedifra, 50 g in Schwarz Nr. 1614,
Salsa von Schachenmayr, 50 g in Schwarz Nr. 99;
Häkelnadel Nr. 5.

● Muster
1 Rd fM, 1 Rd Stb im Wechsel.

Salsa und for you in Schwarz zusammenhäkeln.

▼ Maschenprobe
8 R und 11 M = 10 x 10 cm.

Ausführung
Anschlagblock (2 Rd): 4 Luftm häkeln und mit 1 Kettm zum Kreis schließen. Die folgenden 2 Rd jeweils mit 2 Luftm beginnen; in der 1. Rd 7 fM in den Luftm-Ring arbeiten und den Kreis mit 1 Kettm schließen. In der 2. Rd 1 fM häkeln, dann die folgenden 6 fM jeweils verdoppeln. Am Ende 1 fM häkeln und mit 1 Kettm den Kreis schließen (siehe Abb. 1, blauer Teil, S. 8).

Zunahmeblock (3 Rd): Im angegebenen Muster mit Stb beginnend arbeiten, dabei in der 1. Rd jede 2. M, in der 2. Rd jede 3. M und in der 3. Rd jede 4. M verdoppeln. Die Rd mit fM jeweils mit 2 Luftm beginnen, die Rd mit Stb jeweils mit 3 Luftm. Am Ende jeder Rd den Kreis mit einer Kettm schließen.

Mittlerer Block (17 Rd): Im angegebenen Muster mit fM beginnend arbeiten. Die M der 1. Rd jeweils in das hintere Glied der M der Vorr einstechen. Die 2.–4. Rd ohne Ab- und Zunahmen arbeiten. In der 5. Rd jede 8. M verdoppeln, die 6. Rd ohne Zunahmen arbeiten. In der

7. Rd wieder jede 8. M verdoppeln, die 8.–10 Rd wie die 6. Rd arbeiten. In der 11. Rd jede 8. und 9. M zusammenhäkeln, die 12.–17. Rd ohne Abnahmen arbeiten.

Umschlag (5 Rd): Dazu die Mütze drehen und im angegebenen Muster mit Stb beginnend in die Gegenrichtung (von innen nach außen) arbeiten (siehe auch Modell 2, S. 12), dabei in das hintere Glied der M der Vorr einstechen. In der 1. Rd jede 7. M verdoppeln, die 2.–4. Rd ohne Zunahmen arbeiten. Danach den Hut wieder drehen und in der 5. Rd die fM durch die Stb der Vorr häkeln (siehe Abb. 2, S. 18).

Aufsatz (3 Rd): In fM arbeiten. Die M der 1. Rd jeweils in die Außenschlaufen der letzten Rd des Zunahmeblocks häkeln. Die 2. Rd wie gewohnt arbeiten. In der 3. Rd die Arbeit drehen und in die Gegenrichtung häkeln.

Aufsatz ansetzen

Garnwechsel: Als Grundmaterial Live in Schwarz verwenden. Die 2. Rd (fM) des Zunahmeblocks, die 3. Rd (fM), die 6. Rd (Stb), die 9. Rd (fM) und die 12. Rd (fM) des mittleren Blocks, die 3. Rd (Stb) des Umschlags sowie die 3. Rd (fM) des Aufsatzes mit Salsa und for you in Schwarz häkeln.

Modell 5, Variante

(siehe Foto S. 17)

■ Material

Live von Gedifra in unterschiedlichen Farben (Reste); Häkelnadel Nr. 5.

▼ Maschenprobe

8 R und 11 M = 10 x 10 cm.

Für diese Variante können auch Garnreste in unterschiedlichen Materialien und Stärken verwendet werden. Ist ein Garn zu dünn, um mit der Häkelnadel Nr. 5 verarbeitet zu werden, kann der Faden doppelt oder dreifach genommen werden. Je dicker der Faden, desto steifer wird der Hut.

Ausführung

Den Anschlagblock wie beim Grundmodell beschrieben arbeiten, ebenso den Zunahmeblock bis einschließlich 3. Rd. Der mittlere Block umfasst 18 Rd und wird im angegebenen Muster gearbeitet, dabei in der 3. Rd jede 6. M, in der

Modell 5

5. Rd jede 8. M und in der 7. Rd jede 10. M verdoppeln. In der 11. Rd jede 8. und 9. , in der 13. Rd jede 9. und 10. M zusammenhäkeln. In der 18. Rd für die Abschlusskante fM rückwärts häkeln (Krebsm). Die übrigen Rd des mittleren Blocks ohne Ab- und Zunahmen häkeln; der Umschlag entfällt bei dieser Variante. Die 1. und 3. Rd des Aufsatzes wie beschrieben arbeiten, in der 2. Rd Stb häkeln.

Garnwechsel: Die Garnwechsel je nach Belieben vornehmen. Die Fadenenden der verschiedenen Garne werden nicht vernäht, sondern mit dem neu angesetzten Faden überhäkelt (siehe Anhang, S. 60).

Modell 6

◆ 4 Modelle und 4 Varianten

Die folgenden Mützen sind mit der einfachsten Masche, der festen, gehäkelt. Wie die Modelle im 1. Kapitel werden auch diese oben am Mittelpunkt begonnen und in Runden gearbeitet. Gehäkelt wird nach unterschiedlichen »Blöcken«: Anschlag-, Zunahme und Abnahmeblock, ergänzend werden Ohrenklappen, Umschlag und Aufsatz gearbeitet. Anhand der Stirnkrempe ist zu sehen, wie wendig die Häkelnadel ist und welch aparte Formen mit der Häkeltechnik kreiert werden können. Während des Häkelns werden die Mützen sowohl umgestülpt als auch in verschiedene Richtungen gearbeitet. Der Ansatzfaden wird so in die Arbeit einbezogen, dass er nicht vernäht werden muss (siehe Anhang, S. 60). Die meisten Modellvarianten sind als Damenmodelle gefertigt, und Kindermützen mit Ohrenklappen runden das Kapitel ab.
Die beschriebene Modellgröße entspricht, wenn nicht anders erwähnt, einem Kopfumfang von 57–58 cm (= Damengröße M). Hinweise zur Errechnung der passenden Maschenzahl für die unterschiedlichen Kopfgrößen, die notwendigen Häkeltechniken und die Erläuterung der Häkelschriftzeichen finden Sie im Anhang ab S. 58.

Modell 6: Gehäkelte Ohrenmütze mit Stirnkrempe

(siehe Foto S. 20)

▪ Material
Salsa von Schachenmayr,
100 g in Schwarz Nr. 99,
Merino von Schachenmayr,
100 g in Schwarz Nr. 99;
Häkelnadel Nr. 5.

● Muster
fM, in Rd (Ohrenklappen und
Stirnkrempe in R).
Beide Garne zusammenhäkeln.

▼ Maschenprobe
13 R und 12 M = 10 x 10 cm.

Ausführung
Anschlagblock (2 Rd): 4 Luftm
häkeln und mit 1 Kettm zum
Kreis schließen. Die folgenden
2 Rd jeweils mit 2 Luftm beginnen; in der 1. Rd 6 fM in den
Luftm-Ring arbeiten und den
Kreis mit 1 Kettm schließen. In
der 2. Rd 1 fM häkeln, dann die
folgenden 5 M jeweils verdoppeln. Am Ende 1 fM häkeln und
mit 1 Kettm den Kreis schließen
(Abb. 3, blauer Teil).

Zunahmeblock (13 Rd): Im angegebenen Muster arbeiten, dabei
in der 1. Rd jede 2. M, in der 2.
Rd jede 3. M, in der 3. Rd jede
4. M und in der 4. Rd jede 5. M
verdoppeln. In den weiteren Rd
dieses Prinzip fortführen, sodass
in der 13. Rd jede 14. M verdop-

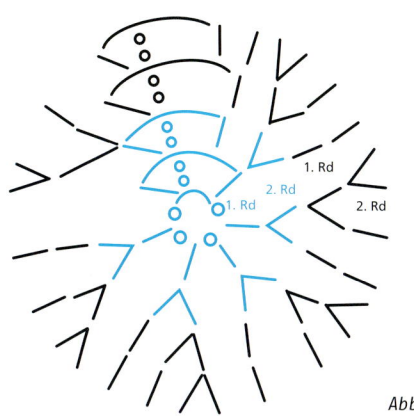

Abb. 3

pelt wird. Die Rd jeweils mit 2
Luftm beginnen. Am Ende jeder
Rd den Kreis mit einer Kettm
schließen (Abb. 3, schwarzer
Teil).

Abnahmeblock (9 Rd): Im angegebenen Muster weiterarbeiten.
In der 1. Rd jede 4. und 5. M
zusammenhäkeln, dabei jeweils
in das vordere Glied der M der
Vorr einstechen (Abb. 4).

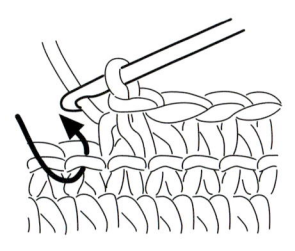

Abb. 4

Die 2. und 3. Rd ohne Abnahmen häkeln, in der 4. Rd jede
4. und 5. M zusammenhäkeln.
Die 5. und 6. Rd wie die 2. Rd.
arbeiten, in der 7. Rd jede
3. und 4. M zusammenhäkeln.
Die 8. und 9. Rd wie die 2. Rd
häkeln.

Ohrenklappen (je 12 R): Zunächst für den gemeinsamen
Ansatz der Ohrenklappen 35 fM
arbeiten und in Hin- und Rückr
im angegebenen Muster häkeln.
In der 2. R mit 2 Luftm beginnen, dann 1 fM in die letzte M
der Vorr arbeiten (= Zunahme).
In der 3. R am rechten Rand
des Ansatzes beginnend für die
1. Ohrenklappe 16 fM häkeln
und in Hin- und Rückr weiterarbeiten, dabei am Ende der
7. und 8. R jeweils 2 M zusammenhäkeln. Bis einschließlich
12. R arbeiten, dann vom linken
Rand der Ohrenklappe ausgehend 4 M des Ansatzes überspringen und wiederum 16 fM
für die 2. Ohrenklappe häkeln.
Diese wie die 1. Ohrenklappe
arbeiten.

Stirnkrempe (4 R): Zwischen den
beiden Ohrenklappen 16 M an
die Vorderseite der Mütze häkeln,
hierbei die 1. und die letzte M
als Kettm jeweils in den Rand einer Ohrenklappe arbeiten; die

Modell 6, Variante

übrigen M als fM häkeln. In Hin- und Rückr arbeiten, dabei jede R mit 1 Luftm beginnen. Für die fM der 2. und 4. R weiter unten einstechen, d. h., die M jeweils über die M der Vorr arbeiten (Abb. 5).

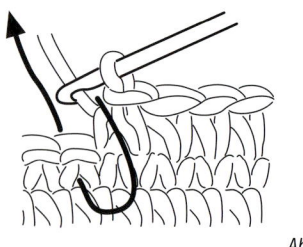

Abb. 5

In der 2. R jede 2. M, in der 4. R jede 3. M verdoppeln.

Nach dem Fertigstellen die Mütze wenden, sodass das Puschelgarn richtig zur Geltung kommt.

Modell 6, Variante

(siehe Foto oben)

■ Material

Salsa von Schachenmayr, 100 g in Schwarz Nr. 99, 50 g in Weiß Nr. 01, Merino von Schachenmayr, 100 g in Schwarz Nr. 99, 50 g in Weiß Nr. 01; Häkelnadel Nr. 5.

Jeweils Salsa und Merino in Schwarz sowie Salsa und Merino in Weiß zusammenhäkeln.

▼ Maschenprobe

13 R und 12 M = 10 x 10 cm.

Ausführung

Die Mütze wie beim Grundmo- dell beschrieben arbeiten.

Garnwechsel: Als Grundfarbe Schwarz verwenden. Die 13. Rd des Zunahmeblocks, die 1. Rd des Abnahmeblocks und die 1. R der Stirnkrempe in Weiß häkeln.

Modell 7: Konischer Hut mit Fransengarn

(siehe Foto rechts)

■ **Material**

Salsa von Schachenmayr,
100 g in Dunkeloliv Nr. 72,
for you von Gedifra,
150 g in Dunkelgrün Nr. 1669;
Häkelnadel Nr. 5.

● **Muster**

fM, in Rd.
Beide Garne zusammenhäkeln.

▼ **Maschenprobe**

13 R und 12 M = 10 x 10 cm.

Ausführung

Anschlagblock (2 Rd): 4 Luftm häkeln und mit 1 Kettm zum Kreis schließen. Die folgenden 2 Rd jeweils mit 2 Luftm beginnen; in der 1. Rd 6 fM in den Luftm-Ring arbeiten und den Kreis mit 1 Kettm schließen. In der 2. Rd 1 fM häkeln, dann die folgenden 5 M jeweils verdoppeln. Am Ende 1 fM häkeln und mit 1 Kettm den Kreis schließen (Abb. 3, blauer Teil, S. 21).

Zunahmeblock (5 Rd): Im angegebenen Muster arbeiten, dabei in der 1. Rd jede 2. M, in der 2. Rd jede 3. M, in der 3. Rd jede 4. M, in der 4. Rd jede 5. M und in der 5. Rd jede 6. M verdoppeln. Die Rd jeweils mit 2 Luftm beginnen. Am Ende jeder Rd den Kreis mit einer Kettm schließen (Abb. 3, schwarzer Teil, S. 21).

Modell 7

Mittlerer Block (23 Rd): Im angegebenen Muster weiterarbeiten. Die M der 1. Rd jeweils in das vordere Glied der M der Vorr einstechen (siehe Abb. 4, S. 21). Weitere 22 Rd ohne Zu- und Abnahmen arbeiten.

Umschlag (8 Rd): Den Hut drehen und im angegebenen Muster in die Gegenrichtung arbeiten (siehe auch Modell 2, S. 12). In der 1. Rd jede 7. M verdoppeln, dabei jeweils in das vordere Glied der M der Vorr einstechen (siehe Abb. 4, S. 21). Die 2.–8. Rd ohne Zunahmen arbeiten.

Aufsatz (4 Rd): Den Hut wenden, damit das Fransengarn richtig zur Geltung kommt. Dann mit beiden Garnen in fM arbeiten. Die M der 1. Rd jeweils in die Außenschlaufen der letzten Rd des Zunahmeblocks häkeln (siehe auch Modell 5, S. 18). Nach der 2. Rd den Hut drehen und in die Gegenrichtung weiterarbeiten.

Garnwechsel: Die jeweils letzte Rd des Umschlags und des Aufsatzes nur mit dem Fransengarn häkeln.

Modell 7, Variante

Modell 7, Variante
(siehe Foto links)

■ Material
Salsa von Schachenmayr,
50 g in Weinrot Nr. 31,
50 g in Kürbis Nr. 26,
for you von Gedifra,
100 g in Rot Nr. 1644,
50 g in Orange Nr. 1623;
Häkelnadel Nr. 5.

Jeweils Salsa in Weinrot und for
you in Rot sowie Salsa in Kürbis
und for you in Orange zusammenhäkeln.

▼ Maschenprobe
13 R und 12 M = 10 x 10 cm.

Ausführung
Den Anschlag- und den Zu-
nahmeblock wie beim Grundmodell beschrieben arbeiten,
ebenso den mittleren Block bis
einschließlich 19. Rd. Den Umschlag ebenfalls wie beim
Grundmodell häkeln. Der Aufsatz umfasst nur 3 Rd.

Garnwechsel: Die ersten 4 Rd in
Weinrot-Rot arbeiten, dann im
Wechsel 4 Rd in Kürbis-Orange
und 4 Rd in Weinrot-Rot häkeln.
Den jeweils unbenutzten Faden
auf der Vorderseite der Arbeit
nach oben führen, da der Hut
nach dem Fertigstellen gewendet wird. Die letzte Rd des Aufsatzes in der laufenden Farbe
nur mit Fransengarn arbeiten.

Modell 8: Baskenmütze mit Fransengarn

(siehe Foto rechts)

■ Material

Salsa von Schachenmayr,
100 g in Royal Nr. 51,
Merino von Schachenmayr,
100 g in Marine Nr. 50;
Häkelnadel Nr. 5.

● Muster

fM, in Rd.
Beide Garne zusammenhäkeln.

▼ Maschenprobe

13 R und 12 M = 10 x 10 cm.

Ausführung

Anschlagblock (2 Rd): 4 Luftm
häkeln und mit 1 Kettm zum
Kreis schließen. Die folgenden
2 Rd jeweils mit 2 Luftm beginnen; in der 1. Rd 6 fM in den
Luftm-Ring arbeiten und den
Kreis mit 1 Kettm schließen. In
der 2. Rd 1 fM häkeln, dann die
folgenden 5 M jeweils verdoppeln. Am Ende 1 fM häkeln und
mit 1 Kettm den Kreis schließen
(Abb. 3, blauer Teil, S. 21).

Zunahmeblock (13 Rd): Im angegebenen Muster arbeiten,
dabei in der 1. Rd jede 2. M, in
der 2. Rd jede 3. M, in der 3. Rd
jede 4. M und in der 4. Rd jede
5. M verdoppeln. In den weiteren Rd dieses Prinzip fortführen,
sodass in der 13. Rd jede 14. M
verdoppelt wird. Die Rd jeweils
mit 2 Luftm beginnen. Am Ende

Modell 8   Modell 9, Variante, Anleitung S. 28

Modell 8, Variante

Modell 8, Variante

(siehe Foto links)

■ **Material**
for you von Gedifra,
150 g in Orange Nr. 1623,
Salsa von Schachenmayr,
100 g in Kürbis Nr. 26,
Starlight von Schachenmayr,
25 g in Gold Nr. 82;
Häkelnadel Nr. 5.

For you in Orange und Salsa in
Kürbis zusammenhäkeln.

▼ **Maschenprobe**
13 R und 12 M = 10 x 10 cm.

Ausführung
Den Anschlagblock wie im
Grundmodell beschrieben häkeln. Den Zunahmeblock bis
einschließlich 12. Rd arbeiten,
in der jede 13. M verdoppelt
wird. Der Abnahmeblock entspricht dem des Grundmodells,
allerdings wird in der 7. Rd
jede 4. und 5. M zusammengehäkelt. Den Umschlag ebenfalls wie beschrieben häkeln.
Garnwechsel: Die letzte Rd
des Umschlags nur mit dem
Fransengarn häkeln. Nach Beendigung der Arbeit die Mütze
wenden, dann in die vorderen
Maschenschlaufen der letzten
Rd des Abnahmeblocks in Gold
fM rückwärts häkeln (Krebsm).

jeder Rd den Kreis mit einer
Kettm schließen (Abb. 3,
schwarzer Teil, S. 21).

Abnahmeblock (9 Rd): Im angegebenen Muster weiterarbeiten. In der 1. Rd jede 4. und
5. M zusammenhäkeln, dabei
jeweils in das vordere Glied der
M der Vorr einstechen (siehe
Abb. 4, S. 21).
Die 2. und 3. Rd ohne Abnahmen häkeln, in der 4. Rd jede
4. und 5. M zusammenhäkeln.
Die 5. und 6. Rd wie die 2. Rd.
arbeiten, in der 7. Rd jede 3.
und 4. M zusammenhäkeln.

Die 8. und 9. Rd wie die 2. Rd
häkeln.

Umschlag (4 Rd): Die Mütze drehen und im angegebenen Muster
in die Gegenrichtung arbeiten
(siehe auch Modell 2, S. 12). In
der 1. Rd jede 7. M verdoppeln,
hierbei jeweils in das vordere
Glied der M der Vorr einstechen
(siehe Abb. 4, S. 21). Die 2.–
4. Rd ohne Zunahmen häkeln.

Nach dem Fertigstellen die Baskenmütze wenden, damit das
Puschelgarn richtig zur Geltung
kommt.

Modell 9: Kindermütze mit Ohrenklappen

Alter 1–2 Jahre

(siehe Foto rechts)

■ **Material**

Salsa von Schachenmayr,
100 g in Cyan Nr. 69,
for you von Gedifra,
50 g in Türkis Nr. 1627;
Häkelnadel Nr. 5.

● **Muster**

fM, in Rd (Ohrenklappen und
Stirnkrempe in R).
Beide Garne zusammenhäkeln.

▼ **Maschenprobe**

13 R und 12 M = 10 x 10 cm.

Ausführung

Anschlagblock (2 Rd): 4 Luftm
häkeln und mit 1 Kettm zum
Kreis schließen. Die folgenden
2 Rd jeweils mit 2 Luftm beginnen; in der 1. Rd 6 fM in den
Luftm-Ring arbeiten und den
Kreis mit 1 Kettm schließen.
In der 2. Rd 1 fM häkeln, dann
die folgenden 5 M jeweils verdoppeln. Am Ende 1 fM häkeln
und mit 1 Kettm den Kreis
schließen (Abb. 3, blauer Teil,
S. 21).

Zunahmeblock (9 Rd): Im angegebenen Muster arbeiten, dabei
in der 1. Rd jede 2. M, in der
2. Rd jede 3. M, in der 3. Rd
jede 4. M und in der 4. Rd jede
5. M verdoppeln. In den weiteren Rd dieses Prinzip fortführen,
sodass in der 9. Rd jede 10. M

Modell 9

verdoppelt wird. Die Rd jeweils
mit 2 Luftm beginnen. Am
Ende jeder Rd den Kreis mit
einer Kettm schließen (Abb. 3,
schwarzer Teil, S. 21).

Abnahmeblock (7 Rd): Im angegebenen Muster weiterarbeiten. In der 1. Rd jede 5. und
6. M zusammenhäkeln, dabei
jeweils in das vordere Glied der
M der Vorr einstechen (siehe
Abb. 4, S. 21). Die 2. und 3. Rd
ohne Abnahmen häkeln, in der
4. Rd jede 5. und 6. M zusammenhäkeln. Die 5. wie die
2. Rd. arbeiten, in der 6. Rd

jede 5. und 6. M zusammenhäkeln. Die 7. Rd wie die 2. Rd
häkeln.

Ohrenklappen (je 9 R): Zunächst
für den gemeinsamen Ansatz
der Ohrenklappen 29 fM arbeiten und in Hin- und Rückr im
angegebenen Muster häkeln.
In der 2. R mit 2 Luftm beginnen, dann 1 fM in die letzte M
der Vorr arbeiten (= Zunahme).
In der 3. R am rechten Rand
des Ansatzes beginnend für die
1. Ohrenklappe 12 fM häkeln
und in Hin- und Rückr weiterarbeiten, dabei am Ende der

6. und 7. R jeweils 2 M zusammenhäkeln.
Bis einschließlich 9. R arbeiten, dann vom linken Rand der Ohrenklappe ausgehend 5 M des Ansatzes überspringen und wiederum 12 fM für die 2. Ohrenklappe häkeln. Diese wie die 1. Ohrenklappe arbeiten.

Schnürbänder: Jeweils vom Rand bis zur Mitte 3 Kettm in die letzte R der Ohrenklappen häkeln, dann 25 Luftm arbeiten. Auf den Luftm zurück zur Ohrenklappe Kettm häkeln, danach bis zum Ende der R wiederum 3 Kettm arbeiten.

Ohrenklappe mit Schnürband

Stirnkrempe (4 R): Zwischen den beiden Ohrenklappen 15 M an die Vorderseite der Mütze häkeln, hierbei die 1. und die letzte M jeweils als Kettm in den Rand einer Ohrenklappe arbeiten; die übrigen M als fM

häkeln. In Hin- und Rückr arbeiten, dabei jede R mit 1 Luftm beginnen. Für die fM der 2. und 4. R weiter unten einstechen, d. h., die M jeweils über die M der Vorr arbeiten (siehe Abb. 5, S. 22). In der 2. R jede 2. M, in der 4. R jede 3. M verdoppeln.

Nach dem Fertigstellen die Mütze wenden, sodass das Puschelgarn richtig zur Geltung kommt.

Modell 9, Variante
Kindermodell Alter 3–4 Jahre
(siehe Foto S. 25)

■ **Material**
Salsa von Schachenmayr,
50 g in Cyan Nr. 69,
50 g in Lemon Nr. 21,
for you von Gedifra,
50 g in Türkis Nr. 1627,
Merino von Schachenmayr,
50 g in Mimose Nr. 20;
Häkelnadel Nr. 5.

Jeweils Salsa in Cyan und for you in Türkis sowie Salsa in Lemon und Merino in Mimose zusammenstricken.

▼ **Maschenprobe**
13 R und 12 M = 10 x 10 cm.

Ausführung
Den Anschlagblock wie im Grundmodell beschrieben häkeln. Den Zunahmeblock jedoch nur bis einschließlich 11. Rd arbeiten, in der jede 12. M verdoppelt wird. Der Abnahmeblock entspricht dem des Grundmodells. Die Ohrenklappen umfassen 10 R; für den gemeinsamen Ansatz der Ohrenklappen 31 fM arbeiten und in Hin- und Rückr im angegebenen Muster häkeln. In der 3. R am rechten Rand des Ansatzes beginnend für die 1. Ohrenklappe 14 fM häkeln und in Hin- und Rückr weiterarbeiten, dabei am Ende der 6. und 7. R jeweils 2 M zusammenhäkeln. Vom linken Rand der Ohrenklappe ausgehend 3 M des Ansatzes überspringen und wiederum 14 fM für die 2. Ohrenklappe häkeln. Diese ebenso arbeiten, die Schnürbänder und die Stirnkrempe beim Grundmodell erläutert erstellen.

Garnwechsel: Die ersten 3 Rd in Cyan-Türkis arbeiten, dann im Wechsel 3 Rd in Lemon-Mimose und 3 Rd in Cyan-Türkis häkeln. Den jeweils unbenutzten Faden auf der Vorderseite der Arbeit nach oben führen, da der Hut nach dem Fertigstellen gewendet wird. Die Stirnkrempe in Lemon-Mimose arbeiten, die Schnürbänder in Cyan-Türkis.

◆ 5 Modelle und 7 Varianten

Die hier vorgestellten Sommer-mützen variieren im Schwierig-keitsgrad. Die Modelle 10 und 12 eignen sich für Anfänger, Modell 11 und 13 setzen fort-geschrittenere Kenntnisse der Häkeltechnik voraus, und das letzte Modell arbeitet sich leicht für jemanden, der die Filet-häkelei beherrscht. Alle Mützen werden in Runden gehäkelt. Die verwendeten Garne reichen von Viskose über Baumwolle zu Mikrofasern und Nylon – alles leichte, für den Sommer geeig-nete Materialien. Die beschrie-benen Varianten weisen im De-tail kleine Unterschiede auf und zeigen, welche Effekte mit Farb-wechseln erzielt werden kön-nen. Die meisten Modellvarian-ten sind für Damen angelegt und können mit veränderter Maschenzahl in der Größe vari-iert werden.

Die beschriebene Modellgröße entspricht, wenn nicht anders erwähnt, einem Kopfumfang von 57–58 cm (= Damengröße M). Hinweise zur Errechnung der passenden Maschenzahl für die unterschiedlichen Kopfgrößen, die notwendigen Häkeltechni-ken und die Erläuterung der Häkelschriftzeichen finden Sie im Anhang ab S. 58.

Modell 10, Anleitung S. 30

Modell 10: Glänzende Netzkappe

(siehe Foto S. 29)

🔲 **Material**

Stardust von Gedifra,
25 g in Silber Nr. 1620;
Häkelnadel Nr. 3.

🔵 **Muster**

1 Stb, 2 Luftm im Wechsel,
in Rd; jedes Stb auf das Stb
der Vorr häkeln.

🔻 **Maschenprobe**

10 R und 24 M (12 Stb und
12 Luftm) = 10 x 10 cm.

Ausführung

1. Block (9 Rd): 4 Luftm häkeln
und mit 1 Kettm zum Kreis
schließen. Am Anfang der 1. Rd

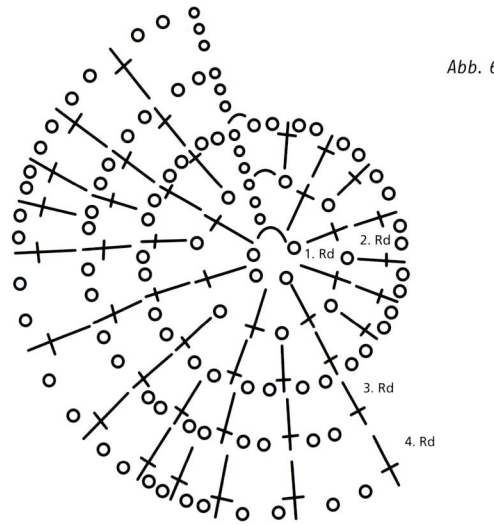

Abb. 6a, Erster Block

3 Luftm häkeln, dann 7 Stb mit
je 1 Luftm dazwischen in den
Luftm-Ring arbeiten und den
Kreis mit 1 Kettm schließen.
Die 2. Rd mit 3 Luftm beginnen
und danach im Muster arbeiten,
dabei in jedes Stb und in jeden
Luftm-Bogen der Vorr einstechen (= Verdoppelung der M);
den Kreis mit 1 Kettm schließen.
Weiterhin im Muster arbeiten,
dabei die Rd jeweils mit 3 Luftm
beginnen und mit 1 Kettm den
Kreis schließen; in der 3. Rd in
jeden 3. Luftm-Bogen der Vorr
1 Stb und 2 Luftm häkeln,
ansonsten die M arbeiten, wie
sie erscheinen. In der 4. Rd in
jeden 4. Luftm-Bogen der Vorr
1 Stb und 2 Luftm arbeiten
(Abb. 6a).

In der 5. Rd in jeden 5. Luftm-
Bogen der Vorr 1 Stb und
2 Luftm häkeln, in der 6. Rd
in jeden 6. Luftm-Bogen der
Vorr 1 Stb und 2 Luftm arbeiten.
Dieses Prinzip fortführen, sodass
in der 9. Rd in jedem 9. Luftm-
Bogen der Vorr 1 Stb und
2 Luftm gehäkelt werden.

Mittlerer Block (8 Rd): Die 1.–
8. Rd ohne Zu- und Abnahmen
im Muster weiterarbeiten.

Abschluss (2 Rd): In der 1. Rd
vom Muster abweichend im
Wechsel 1 Stb und 1 Luftm
häkeln. In der 2. Rd in jeden
Luftm-Bogen der Vorr 3 fM
häkeln, die Stb übergehen
(Abb. 6b).

Modell 10, Variante 1

Abb. 6b, Abschluss
(blauer Teil: Mittlerer
Block, letzte Rd)

1. Rd

2. Rd

Modell 10, Variante 2

Modell 10, Variante 1

(siehe Foto links unten)

◼ Material
Stardust von Gedifra,
25 g in Schwarz Nr. 1622;
Häkelnadel Nr. 3.

▼ Maschenprobe
10 R und 24 M (12 Stb und
12 Luftm) = 10 x 10 cm.

Diese Variante ist etwas länger gestaltet als das Grundmodell.

Ausführung
Den 1. Block wie beim Grundmodell beschrieben bis einschließlich 7. Rd arbeiten, in
der in jeden Luftm-Bogen der

Vorr 1 Stb und 2 Luftm gehäkelt werden. Der mittlere Block
umfasst 11 Rd ohne Zu- und Abnahmen, der Abschluss entspricht dem des Grundmodells.

Modell 10, Variante 2

(siehe Foto rechts oben)

◼ Material
Starlight von Schachenmayr,
50 g in Kupfer Nr. 83;
Häkelnadel Nr. 3.

▼ Maschenprobe
9 R und 18 M (9 Stb und
9 Luftm) = 10 x 10 cm.
Das dickere Garn verleiht
dieser Variante einen gröberen
Charakter.

Ausführung
Den 1. Block bis einschließlich
8. Rd wie beim Grundmodell
beschrieben arbeiten (in der
8. Rd in jeden 8. Luftm-Bogen
der Vorr 1 Stb und 2 Luftm
arbeiten). Der mittlere Block
umfasst 5 Rd ohne Zu- und Abnahmen. Der Abschluss besteht
aus 3 Rd; in der 1 Rd in jeden
Luftm-Bogen der Vorr 2 fM häkeln. In der 2. Rd jede 5. und
6. M zusammenhäkeln, in der
3. Rd fM rückwärts arbeiten
(Krebsm).

Modell 11

Modell 11: Grobe Lochmusterkappe

(siehe Foto oben)

▦ **Material**
Diva von Schachenmayr,
50 g in Flamingo Nr. 36;
Häkelnadel Nr. 5.

● **Muster**
1 Rd fM, 1 Rd Stb im Wechsel.

▼ **Maschenprobe**
10 R und 12 M = 10 x 10 cm.

Ausführung
Anschlagblock (2 Rd): 4 Luftm häkeln und mit 1 Kettm zum Kreis schließen. Die folgenden 2 Rd jeweils mit 2 Luftm beginnen; in der 1. Rd 7 fM in den Luftm-Ring arbeiten und den Kreis mit 1 Kettm schließen. In der 2. Rd 1 fM häkeln, dann die folgenden 6 M jeweils verdoppeln. Am Ende 1 fM häkeln und mit 1 Kettm den Kreis schließen (vgl. Abb. 1, blauer Teil, S. 8).

Zunahmeblock (5 Rd): Im Muster mit fM beginnend arbeiten, dabei in der 1. Rd jede 2. M, in der 2. Rd jede 3. M, in der 3. Rd jede 4. M, in der 4. Rd jede 5. M und in der 5. Rd jede 6. M verdoppeln. Die Rd mit fM jeweils mit 2 Luftm beginnen, die Rd mit Stb jeweils mit 3 Luftm. Am Ende jeder Rd den Kreis mit einer Kettm schließen (vgl. Abb. 1, schwarzer Teil, S. 8).

Mittlerer Block (14 Rd): Die 1. Rd in fM arbeiten, hierbei jeweils in das hintere Glied der M der Vorr einstechen. In der 2. Rd mit 3 Luftm und 1 Stb beginnen, dann im Wechsel 2 Luftm und 2 Stb arbeiten, dabei zwischen den Stb-Paaren jeweils 2 M der Vorr auslassen und die 2 Stb in eine fM arbeiten. In der 3. und 4. Rd mit 3 Luftm und 1 Stb beginnen, dann im Wechsel 3 Luftm und 2 Stb häkeln. Jedes Stb auf das Stb der Vorr häkeln. In der 5. Rd 4 Luftm zwischen den Stb-Paaren arbeiten (Abb. 7). Die 6.–10. Rd mit fM beginnend in Muster 1 arbeiten, dabei in die Luftm-Bögen der Vorr jeweils 2 fM häkeln. In der 7. Rd jede 6. und 7. M, in der 9. Rd jede 11. und 12. M zusammenhäkeln. Die 11.–14. Rd in Muster 2 arbeiten, dabei wie in der 2. Rd vorgehen. In der 14. Rd im Wechsel 2 und 1 Luftm zwischen die Stb. arbeiten.

Abschluss (1 Rd): In die Stb und Luftm-Bögen der Vorr je 1 fM häkeln, dabei zwischen jede 2. Stb-Gruppe 1 Mausezahn mit 3 Luftm arbeiten.

Modell 11, Variante

(siehe Foto rechts)

▦ Material

Vision von Schachenmayr,
je 50 g in Weiß Nr. 01 und in
Leinen Nr. 03;
Häkelnadel Nr. 5.

Beide Garne zusammenhäkeln.

▼ Maschenprobe

8 R und 12 M = 10 x 10 cm.

Ausführung

Den Anschlagblock wie im
Grundmodell beschrieben häkeln. Den Zunahmeblock bis
einschließlich 4. Rd arbeiten,
in der jede 5. M verdoppelt
wird. Der mittlere Block entspricht bis einschließlich 4. Rd
dem des Grundmodells; die 5.,
6., 7. und 8. Rd in fM arbeiten,
in der 8. Rd jede 6. und 7. M
zusammenhäkeln. Die 9.–14. Rd
wie beim Grundmodell arbeiten, in der 12. Rd jeweils nur
1 Luftm zwischen die Stb arbeiten. Der Abschluss entspricht
dem des Grundmodells.

Modell 11, Variante

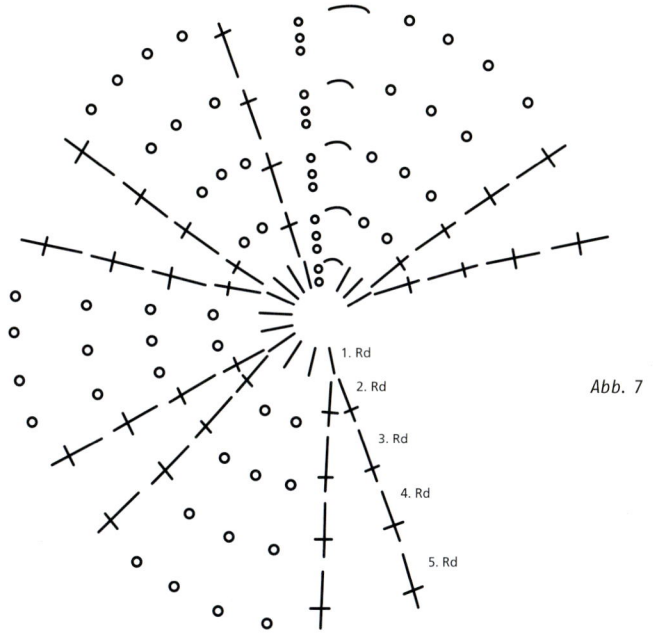

1. Rd

2. Rd

3. Rd

4. Rd

5. Rd

Abb. 7

Modell 12

Modell 12: Grobe Sommermütze mit Rollrand

(siehe Foto links oben)

■ Material
Catania von Schachenmayr, je 50 g in Pfau Nr. 146 und in Royal Nr. 201; Häkelnadel Nr. 5.

● Muster
hStb, in Rd.
Beide Garne zusammen-häkeln.

▼ Maschenprobe
12 R und 11 M = 10 x 10 cm.

Ausführung
Anschlagblock (2 Rd): 4 Luftm häkeln und mit 1 Kettm zum Kreis schließen. Die folgenden 2 Rd jeweils mit 2 Luftm beginnen; in der 1. Rd 8 fM in den Luftm-Ring arbeiten und den Kreis mit 1 Kettm schließen. In der 2. Rd 1 hStb häkeln, dann die folgenden 7 M jeweils verdoppeln. Am Ende 1 hStb häkeln und mit 1 Kettm den Kreis schließen (vgl. Abb. 1, blauer Teil, S. 8).

Zunahmeblock (7 Rd): Im Muster arbeiten, dabei in der 1. Rd jede 2. M, in der 2. Rd jede 3. M, in der 3. Rd jede 4. M und in der 4. Rd jede 5. M verdoppeln. Dieses Prinzip weiterfüh-ren, sodass in der 7. Rd jede 8. M verdoppelt wird. Die Rd jeweils mit 2 Luftm beginnen.

Am Ende jeder Rd den Kreis mit einer Kettm schließen (vgl. Abb. 1, schwarzer Teil, S. 8).

Abnahmeblock (11 Rd): Im an-gegebenen Muster weiterhäkeln, in der 1.–3. Rd ohne Abnahmen arbeiten. In der 4. Rd jede 5. und 6. M zusammenhäkeln, in der 5.–7. Rd ohne Abnahmen arbeiten. Die 8. Rd wie die 4. Rd arbeiten, in der 9. Rd fM ohne Abnahmen häkeln. In der 10. Rd fM arbeiten, dabei jede 10. und 11. M zusammenhäkeln. In der 11. Rd fM ohne Abnahmen ar-beiten.

Rollrand (2 Rd): In der 1. Rd mit hStb jede 5. M verdoppeln. In der 2. Rd fM rückwärts arbeiten (Krebsm.)

Modell 12, Variante
Kindermodell Alter 3–4 Jahre
(siehe Foto links unten)

■ Material
Catania von Schachenmayr, je 50 g in Maigrün Nr. 170 und in Mimose Nr. 100; Häkelnadel Nr. 5.

Beide Garne zusammenhäkeln.

▼ Maschenprobe
12 R und 11 M = 10 x 10 cm.

Ausführung
Den Anschlagblock wie im Grundmodell beschrieben hä-keln. Den Zunahmeblock bis

Modell 12, Variante

einschließlich 5. Rd arbeiten, in der jede 6. M verdoppelt wird. Der Abnahmeblock umfasst 10 Rd und wird bis einschließlich 7. Rd wie beim Grundmodell gehäkelt; in der 8. Rd ohne Abnahmen arbeiten, in der 9. Rd fM häkeln, dabei jede 10. und 11. M zusammenhäkeln. In der 10. Rd fM ohne Abnahmen arbeiten. Der Rollrand der Variante entspricht dem des Grundmodells.

Modell 13: Glänzende Filetmütze

(siehe Foto rechts)

■ **Material**
Crystal von Gedifra,
50 g in Schwarz Nr. 2514;
Häkelnadel Nr. 3.

● **Muster**
Nach Anleitung und Häkelschrift arbeiten.

▼ **Maschenprobe**
10 R und 24 M = 10 x 10 cm.

Ausführung
5 Luftm häkeln und mit 1 Kettm zum Kreis schließen. In der 1. Rd 2 Luftm häkeln, 7 fM in den Luftm-Ring arbeiten und den Kreis mit 1 Kettm schließen. Die folgenden Rd stets mit 3 Luftm beginnen, am Ende jeder Rd den Kreis mit einer Kettm schließen. In der 2. Rd in jede fM der Vorr 2 Stb und da-

Modell 13

zwischen 1 Luftm arbeiten. In der 3. Rd fM häkeln, dabei in jede Luftm der Vorr 2 fM häkeln, die übrigen M, wie sie erscheinen. In der 4. Rd in jede 3. fM der Vorr 3 Stb und 2 Luftm (11-mal) häkeln. In der 5. Rd jeweils 3 Stb in die Luftm-Bögen der Vorr und 1 fM in das jeweils mittlere Stb der Stb-Gruppe der Vorr häkeln. In der 6. Rd je 3 Stb in das jeweils mittlere Stb der Stb-Gruppe der Vorr häkeln, danach jeweils 1 Luftm, 1 fM und 1 Luftm arbeiten, dabei für die fM in die fM der Vorr einstechen.

Die 7. Rd wie die 6. Rd arbeiten, dabei anstelle von 1 Luftm jeweils 2 Luftm häkeln. Die 8. Rd wie die 7. Rd arbeiten, dabei anstelle von 2 Luftm jeweils 3 Luftm häkeln. In der 9. Rd je 2 fM in die Luftm-Bögen der Vorr, 1 fM in die fM der Vorr und 1 fM in 1 Stb der Vorr arbeiten (Abb. 8, blauer Teil, S. 36). In der 10. Rd je 3 Stb in jede 4. M der Vorr häkeln, dazwischen jeweils 3 Luftm arbeiten. In der 11. Rd in jeden Luftm-Bogen der Vorr 2 Stb, 1 Luftm, 2 Stb und 1 Luftm häkeln. In der 12. Rd in jeden

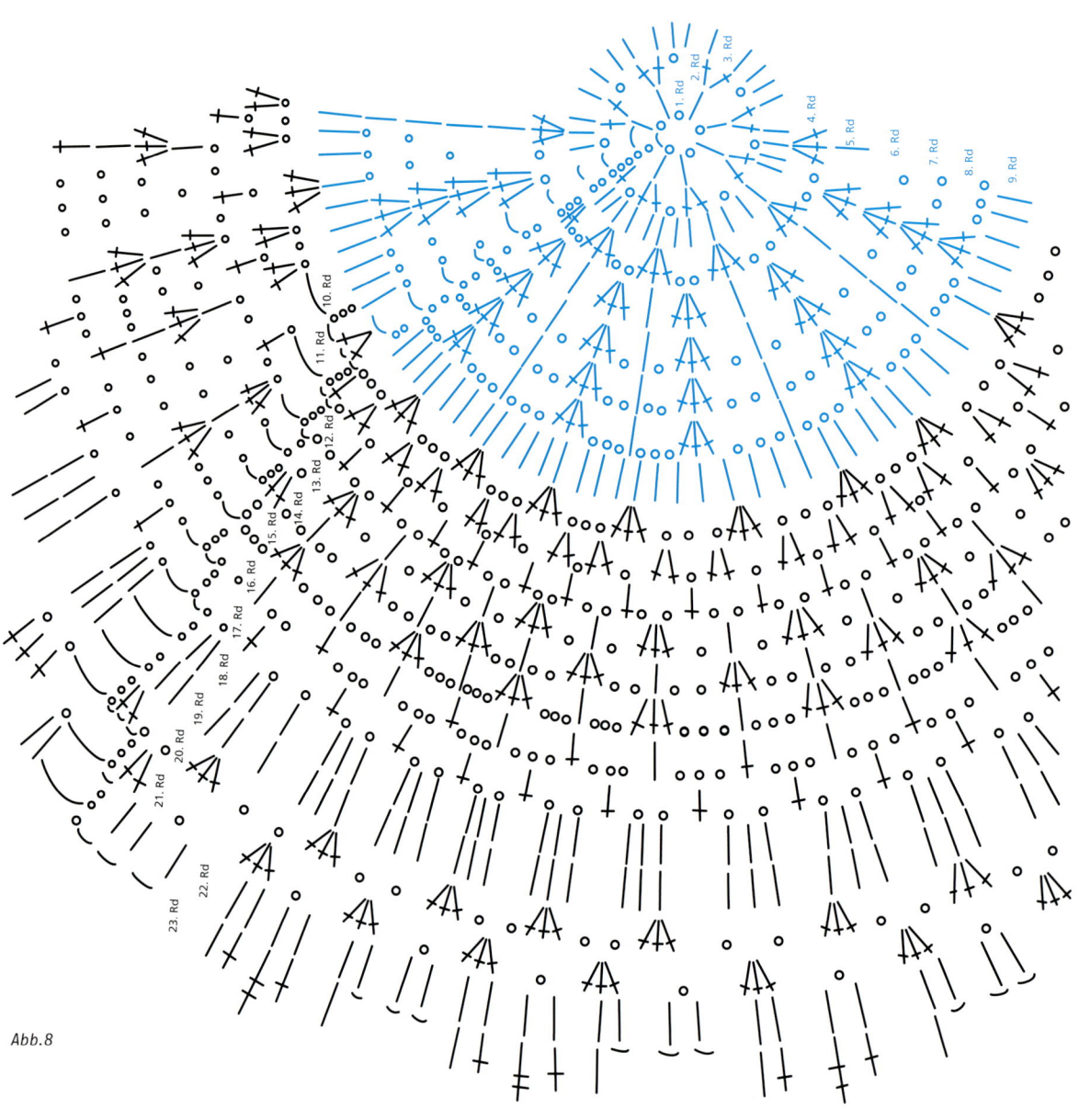

Abb. 8

Luftm-Bogen der Vorr 1 Stb häkeln, dazwischen je 2 Luftm arbeiten. In der 13. Rd in jeden Luftm-Bogen der Vorr im Wechsel 3 Stb und 1 fM häkeln, dazwischen je 1 Luftm arbei-

ten (Abb. 8, schwarzer Teil). In der 14. Rd in die fM der Vorr jeweils 3 Stb und 2 Luftm häkeln, in das jeweils mittlere Stb der Stb-Gruppe der Vorr 1 fM und 2 Luftm häkeln. Die

15. Rd wie die 14. arbeiten, dabei anstelle von 2 Luftm jeweils 3 Luftm arbeiten. In der 16. Rd in das jeweils mittlere Stb der Stb-Gruppe je 1 fM und 3 Luftm häkeln, in die fM je-

weils 1 Stb und 3 Luftm arbeiten. In der 17. Rd in jeden Luftm-Bogen der Vorr 1 Stb häkeln, dazwischen je 2 Luftm arbeiten. In der 18. Rd in jeden Luftm-Bogen der Vorr 3 fM arbeiten. In der 19. Rd fM in die M der Vorr arbeiten. In der 20. Rd in jede 4. fM der Vorr je 3 Stb und 2 Luftm häkeln. In der 21. Rd in jeden Luftm-Bogen der Vorr 3 Stb und 1 Luftm arbeiten. In der 22. Rd in jede Luftm der Vorr 2 fM und in jedes 2. und 3. Stb einer Stb-Gruppe der Vorr 1 fM häkeln. In der 23. Rd (Abschlusskante) *3 Kettm, 1 fM, 1 Stb, 1 Dstb, 1 Stb, 1 fM* arbeiten, dabei in jede M der Vorr einstechen; von *zu* stets wdh (Abb. 8, schwarzer Teil).

Modell 13, Variante 1

(siehe Foto rechts oben)

▣ Material
Crystal von Gedifra,
je 50 g in Kupfer Nr. 2512,
in Grün Nr. 2568 und
in Gold Nr. 2520;
Häkelnadel Nr. 3.

▼ Maschenprobe
10 R und 24 M = 10 x 10 cm.

Ausführung
Die Variante wie im Grundmodell beschrieben arbeiten.

Garnwechsel: Bis einschließlich 10. Rd das kupferfarbene

Garn verwenden, dann bis einschließlich 13. Rd in Grün arbeiten. Die 14.–16. Rd in Gold, die 17. Rd in Grün, die übrigen Rd in Kupfer häkeln.

Modell 13, Variante 2

(siehe Foto rechts unten)

▣ Material
Crystal von Gedifra (Mikrofaser),
50 g in Schwarz Nr. 2514,
Stardust von Gedifra,
25 g in Silber Nr. 1620;
Häkelnadel Nr. 3.

▼ Maschenprobe
10 R und 24 M = 10 x 10 cm.

Ausführung
Die Variante entspricht bis einschließlich 22. Rd dem Grundmodell. Die 23. Rd ebenfalls wie beim Grundmodell beschrieben häkeln, dabei jedoch auf jedes Dstb 1 Mausezahn arbeiten.

Garnwechsel: In der 11.–13. sowie in der 20. Rd den Silberfaden mitlaufen lassen.

Modell 13, Variante 1

Modell 13, Variante 2

◆ 5 Modelle und 2 Varianten

Dieses Kapitel enthält eine Vielfalt an attraktiven Strickmützen: Damenmützen mit Rollrand, Umschlag und Ohrenklappen sowie Kappen für Damen, Herren und Kinder. Alle Mützen werden mit Stricknadeln im Nadelspiel in Runden gestrickt. Im Gegensatz zur Häkeltechnik wird meist am unteren Mützenrand begonnen. Die Techniken für die Abnahme variieren so, dass jeweils eine andere Mützenform entsteht. Die Modelle können sowohl von Anfängern wie auch von Fortgeschrittenen gearbeitet werden, und die dicke Strickmütze ist in jedem Fall in wenigen Stunden einsatzfähig. Für einen guten Tragekomfort werden Flammengarne aus Schurwolle verwendet, Mohairgarne als Beilauffäden machen die Mütze weicher und verleihen ihr eine flauschige Oberfläche. Zum Besticken und Einstricken eignen sich glatte Garne.
Wenn nicht anders angeführt, entspricht die beschriebene Modellgröße einem Kopfumfang von 57–58 cm (= Damengröße M, Herrengröße S). Eine Tabelle zur Errechnung der passenden Maschenzahl für die unterschiedlichen Kopfgrößen, die notwendigen Stricktechniken und die Erläuterung der verwendeten Strickschriftzeichen finden Sie im Anhang ab S. 58.

Modell 14

Modell 14: Rollmütze
Damenmodell Größe L
(siehe Foto oben)

■ **Material**
Live von Gedifra,
100 g in Hellgrün Nr. 1767,
Gigante von Gedifra,
100 g in Hellgrün Nr. 2305;
Nadelspiel Nr. 9.

● **Muster**
glatt re (alle M re), in Rd.
Beide Garne zusammenstr.

▼ **Maschenprobe**
11 R und 8 M = 10 x 10 cm.

Ausführung
36 M (pro Nadel 9 M) anschlagen und 18 Rd im angegebenen Muster arbeiten. Ab der 19. Rd abnehmen, dafür in jeder 2. Rd auf jeder Nadel die vorvorletzte M mit der vorletzten M re verschränkt zusammenstr.
So verfahren, bis sich auf jeder Nadel nur noch 5 M befinden. Nun in jeder Rd wie beschrieben abnehmen, bis sich auf jeder Nadel nur noch 2 M befinden. Für die Mützenspitze 3 Rd ohne Abnahmen arbeiten, dann die 2 M jeweils zusammenstr. Wiederum 3 Rd ohne Abnahmen str.

Modell 14, Variante

Anschließend von den insgesamt 4 verbliebenen M je 2 zusammenstr, 2 Rd str und die restlichen 2 M abketten.

Nach dem Fertigstellen der Mütze den Rand etwas einrollen.

Modell 14, Variante
Herrenmodell Größe S
(siehe Foto oben)

■ **Material**
Live von Gedifra,
100 g in Jeansblau Nr. 1762,
Gigante von Gedifra,
100 g in Blau meliert Nr. 2337,
Nadelspiel Nr. 9.

Beide Garne zusammenstr.

▼ **Maschenprobe**
11 R und 8 M = 10 x 10 cm.

Diese Variante ist für einen kleineren Kopfumfang gearbeitet.

Ausführung
34 M (1. Nadel 8 M, 2. Nadel 9 M, 3. Nadel 8 M, 4. Nadel 9 M) anschlagen und 20 Rd im angegebenen Muster arbeiten. In der 21. Rd auf der 2. und auf der 4. Nadel jeweils 2 M wie beim Grundmodell beschrieben zusammenstricken, sodass sich auf jeder Nadel 8 M befinden. Nun in jeder 2. Rd mit den Abnahmen fortfahren und wie beim Grundmodell weiterarbeiten.

Modell 15: Ohren-mütze mit einfachem Einstrickmuster

(siehe Foto S. 41)

■ Material

for you von Gedifra,
100 g in Schwarz Nr. 1614,
Live von Gedifra,
150 g in Schwarz Nr. 1714,
Gigante von Gedifra,
50 g in Orange Nr. 2341;
Nadelspiel Nr. 8;
Häkelnadel Nr. 5.

● Muster

Muster 1: glatt re (in Rd alle M re, in R Hinr re, Rückr li).
Muster 2: kraus (Hin- und Rückr re), in R.
Einstrickmuster: Nach Strick-schrift arbeiten.
Die beiden schwarzen Garne zusammenstr.

▼ Maschenprobe

14 R und 10 M = 10 x 10 cm.

Ausführung

46 M (1. Nadel 11 M, 2. Nadel 12 M, 3. Nadel 11 M, 4. Nadel 12 M) in Schwarz anschlagen und in Rd in Muster 1 arbeiten.

In der 10.–16. Rd entsprechend der Strickschrift das Einstrick-muster in Orange einarbeiten (Abb. 9). Anschließend nur in Schwarz weiterarbeiten. Bis einschließlich 19. Rd str, in den darauf folgenden Rd abnehmen; in der 1. Abnahme-Rd auf 2 gegenüberliegenden Nadeln jeweils die vorvorletzte und die vorletzte M re zusammenstr, in der 2. Abnahme-Rd auf den beiden übrigen Nadeln jeweils die vorvorletzte und die vor-letzte M zusammenstr.
Die 1. und 2. Abnahme-Rd im Wechsel arbeiten, bis sich auf jeder Nadel noch 3 M befinden. In den darauf folgenden Rd je-weils auf allen 4 Nadeln abneh-men, bis sich auf jeder Nadel nur noch 1 M befindet. Dann diese 4 M abketten.

Ohrenklappen: Zunächst für den gemeinsamen Ansatz der Ohren-klappen in Schwarz 30 M aus dem Mützenrand aufnehmen und 3 R str, dabei jeweils die 1. und die letzten 3 M in Muster 2, die übrigen 24 M in Muster 1 arbeiten. In der 4. R die mittle-ren 6 M abketten, sodass für die Ohrenklappen, die einzeln aus-gearbeitet werden, jeweils 13 M verbleiben.

M für die Ohrenklappen aus dem Mützenrand aufnehmen

Für jede Ohrenklappe pro R die ersten 3 M in Muster 2, die mittleren 6 M in Muster 1, die letzten 3 M wieder in Muster 2 arbeiten. Ab der 6. R 1 Rap-port des Einstrickmusters in Orange einarbeiten, hierfür mit der 7. M beginnen. Ab der 11. R in jeder 2. R am Anfang und am Ende je 2 M re zusammenstr.

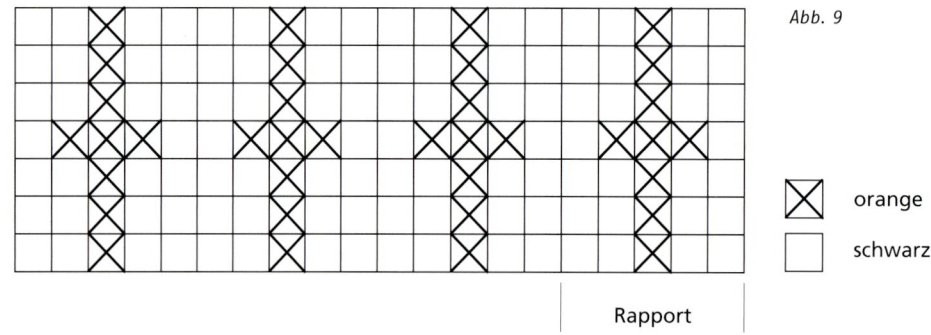

Abb. 9

□ orange

□ schwarz

Rapport

Die 14. und die 15. R vollständig in Muster 2 str, in der 16. R die M abketten.

Kettm bis zur Mitte der Ohrenklappe häkeln

Am Ende der Luftm-Kette zum Kreis schließen

Kettm bis zum Rand der Ohrenklappe arbeiten

Modell 15

Schnürbänder: Jeweils vom Rand bis zur Mitte 3 Kettm in die letzte R der Ohrenklappen häkeln, dann 25 Luftm arbeiten. Die 5 letzten Luftm mit einer Kettm zum Kreis schließen und auf den restlichen 21 Luftm zurück zur Ohrenklappe Kettm häkeln. Dann bis zum Ende der R wiederum 3 Kettm arbeiten. Anschließend in die Schlaufe der Schnürbänder jeweils 3 Fransen (5-fädig) von 20 cm Länge einziehen (siehe Anleitung im Anhang, S. 63).

Modell 15, Variante

Herrenmodell Größe M

(siehe Foto links)

■ **Material**

Hair von Schachenmayr,
50 g in Rot Nr. 30,
Live von Gedifra,
150 g in Rot Nr. 1744,
Gigante von Gedifra,
50 g in Lilarot Nr. 2346;
Nadelspiel Nr. 8; Häkelnadel Nr.5.

Die beiden roten Garne zusammenstr.

▼ **Maschenprobe**

13 R und 9 M = 10 x 10 cm.

Durch die Verwendung eines leichten Mohairgarns verändert sich bei dieser Variante die Oberfläche, auch fällt die Mütze trotz gleicher Maschenzahl etwas größer aus als das Grundmodell.

Ausführung

Die Variante wie beim Grundmodell beschrieben in roter Grundfarbe arbeiten, jedoch mit dem Einstrickmuster in Lilarot bereits in der 3. Rd und mit den Abnahmen nach Beendigung des Einstrickmusters in der 19. Rd beginnen.

Modell 15, Variante

Modelle 16 + 17

(siehe Foto rechts)

Anleitungen auf
S. 44/45.

Modell 17   Modell 16

Modell 16: Damenmütze mit Klapprand

(siehe Foto S. 43)

■ **Material**
for you von Gedifra,
50 g in Dunkelgrün Nr. 1669,
Gigante von Gedifra,
150 g in Wollweiß Nr. 2325;
Nadelspiel Nr. 9.

● **Muster**
Muster 1: glatt re (alle M re),
in Rd.
Muster 2: 2 li M, 1 re M im
Wechsel, in Rd.
Beide Garne zusammenstr.

▼ **Maschenprobe**
13 R und 9 M = 10 x 10 cm.

Ausführung
48 M (pro Nadel 12 M) anschlagen und 11 Rd in Muster 2 str.
Ab der 12. Rd in Muster 1 arbeiten. In der 13. Rd auf jeder
Nadel die vorvorletzte und die
vorletzte M re zusammenstr. Am
Ende der Rd die Arbeit wenden,
sodass sich die Innenseite
außen befindet und die glatt
gestrickten M der Vorr li erscheinen, und in Muster 1 bis einschließlich 30. Rd arbeiten. In
jeder darauf folgenden Rd abnehmen; in der 1. Abnahme-Rd
pro Nadel 5 M abstr, dann die
6. und 7. M re zusammenstr,
die restlichen 5 M abstr. In der

2. Abnahme-Rd pro Nadel 4 M
abstr, die 5. und 6. M re zusammenstr, die restlichen 5 M abstr.
In der 3. Abnahme-Rd 4 M abstr, die 5. und 6. M re zusammenstr und die restlichen 4 M
abstr. In der 4. Abnahme-Rd
3 M abstr, die 4. und 5. M re
zusammenstr und die restlichen
4 M abstr.

Dieses Prinzip fortführen, bis
sich auf jeder Nadel nur noch
1 M befindet. Diese 4 M abketten.

Modell 17: Herrenkappe mit Ohrenschutz

Größe M

(siehe Foto S. 43)

■ **Material**
Live von Gedifra,
100 g in Schwarz Nr. 1714,
Gigante von Gedifra,
100 g in Schwarz Nr. 2314;
Nadelspiel Nr. 9.

● **Muster**
glatt re (in Rd alle M re, in R
Hinr re, Rückr li).
Knotenrand: die 1. und die letzte M der R re.
Beide Garne zusammenstr.

▼ **Maschenprobe**
13 R und 9 M = 10 x 10 cm.

Ausführung
38 M (1. Nadel 9 M, 2. Nadel
10 M, 3. Nadel 9 M, 4. Nadel
10 M) anschlagen und im Muster bis einschließlich 13. Rd
arbeiten. In den darauf folgenden Rd abnehmen; in der
1. Abnahme-Rd auf den Nadeln
mit 10 M zunächst 4 M abstr,
die 5. und 6. M re zusammenstr, die restlichen 4 M abstr.
In der 2. Abnahme-Rd pro
Nadel 4 M abstr, die 5. und
6. M re zusammenstr, die restlichen 3 M abstr. In der 3. Abnahme-Rd 3 M abstr, die
4. und 5. M re zusammenstr
und die restlichen 3 M abstr.
In der 4. Abnahme-Rd 3 M
abstr, die 4. und 5. M re zusammenstr und die restlichen
2 M abstr. Dieses Prinzip fortführen, bis sich auf jeder Nadel
nur noch 1 M befindet. Dann
diese 4 M abketten.

Ohrenklappen: Zunächst für
den gemeinsamen Ansatz der
Ohrenklappen 27 M aus dem
Mützenrand aufnehmen (siehe
auch Modell 15, S. 40, kleines
Foto) und im Muster str, dabei
den Knotenrand arbeiten. In
der 8. R die mittleren 5 M abketten, sodass für die Ohrenklappen je 11 M verbleiben;
diese jeweils im Muster mit
Knotenrand arbeiten und in
der 10. R die M abketten.

Modell 18: Kappe, gestrickt und gehäkelt

(siehe Foto rechts)

■ **Material**
for you von Gedifra,
100 g in Orange Nr. 1623,
Gigante von Gedifra,
150 g in Orange Nr. 2341;
Nadelspiel Nr. 8;
Häkelnadel Nr. 7.

● **Muster**
Muster 1: glatt re (alle M re),
in Rd.
Muster 2: fM, in Rd.
Beide Garne zusammenstr und
-häkeln.

▼ **Maschenprobe**
11 R und 8 M = 10 x 10 cm.

Diese Kappe besteht aus einem gestrickten oberen und einem gehäkelten unteren Abschnitt.

Modell 18

In die Strickm der 1. Rd fM häkeln

Ausführung
Zunächst für den gestrickten Abschnitt 44 M (pro Nadel 11 M) anschlagen und in Rd im Muster 1 arbeiten. Ab der 8. Rd abnehmen, dafür in jeder Rd auf jeder Nadel die vorvorletzte M mit der vorletzten M re verschränkt zusammenstr.

So verfahren, bis sich auf jeder Nadel nur noch 1 M befindet. Diese 4 M abketten.

Nun mit der Häkelnadel in die Strickmaschen der 1. Rd der Arbeit einstechen und 6 Rd in Muster 2 arbeiten. In der 7. Rd jede 5. M verdoppeln, damit sich der Kappenrand leicht aufschlagen lässt, und die Arbeit beenden.

◆ 5 Modelle und 8 Varianten

In diesem Kapitel finden Sie phantasievolle Farbmuster in unterschiedlichen Schwierigkeitsgraden für Damen und Herren sowie reizvolle Kindermützen. Die vorgestellten Modelle zeigen, wie raffiniert gearbeitet eine farblich gestaltete Mütze aussehen kann, ohne dass komplizierte Strickmuster verwendet werden. Die Mützen mit einfachem Farbmuster und die einfarbigen Kindermodelle können auch von Anfängern leicht erstellt werden, für die aufwändigeren Farbmuster sind fortgeschrittenere Kenntnisse nötig. Bei einigen Beispielen wurde für eine flauschige Oberfläche Fransengarn verwendet und 2 Modelle werden mit Stickstichen verziert.
Wenn nicht anders erwähnt, entspricht die beschriebene Kopfgröße einem Kopfumfang von 57–58 cm (= Damengröße M). Eine Tabelle zur Errechnung der passenden Maschenzahl für die unterschiedlichen Kopfgrößen, die notwendigen Strick- und Sticktechniken sowie die Erläuterung der verwendeten Strickschriftzeichen finden Sie im Anhang ab S. 58.

Modell 19   Modell 20, Anleitung S. 48

Modell 19: Glatte hohe Mütze mit Ohrenklappen
Damenmodell Größe L
<small>(siehe Foto oben)</small>

■ Material
Live von Gedifra,
150 g in Orange Nr. 1721,
Garnreste zum Besticken;
Nadelspiel Nr. 7;
Häkelnadel Nr. 5; Sticknadel.

● Muster
Muster 1: glatt re (in Rd alle M re, in R Hinr re, Rückr li).

Muster 2: kraus (Hin- und Rückr re), in R.
Stickmuster: Kreuzstich

▼ Maschenprobe
15 R und 12 M = 10 x 10 cm.

Ausführung
54 M (1. Nadel 13 M, 2. Nadel 14 M, 3. Nadel 13 M, 4. Nadel 14 M) anschlagen und 4 Rd in Muster 1 str. In der 5. Rd auf jeder Nadel 1 M zunehmen. Weiterhin in Muster 1 arbeiten, ab der 27. Rd abnehmen; dafür in jeder 3. Rd auf jeder Nadel die 2. und 3. M sowie die vor-

vorletzte und die vorletzte M re
zusammenstr.

So verfahren, bis sich auf 2 gegenüberliegenden Nadeln 3 M
und auf den übrigen 2 Nadeln
2 M befinden. In der darauf folgenden Rd auf jeder Nadel 2 M
re zusammenstr, sodass insgesamt noch 6 M übrig sind. Wiederum jeweils 2 M re zusammenstr und die restlichen 3 M
abketten.

Ohrenklappen: Zunächst für den
gemeinsamen Ansatz der Ohrenklappen 34 M aus dem Mützenrand aufnehmen (siehe auch
Modell 15, S. 40, kleines Foto)
und 4 R str, dabei jeweils die
ersten und die letzten 3 M in
Muster 2, die übrigen 28 M in
Muster 1 arbeiten. In der 5. R
die mittleren 4 M abketten, sodass für die Ohrenklappen, die
einzeln ausgearbeitet werden,
jeweils 15 M verbleiben. Hierfür
pro R die ersten 3 M in Muster
2, die mittleren 9 M in Muster 1,
die letzten 3 M wieder in Muster
2 arbeiten. Ab der 11. R in jeder 2. R am Anfang und am
Ende je 2 M re zusammenstr.
Die 15. und die 16. R vollständig in Muster 2 str, in der 17. R
die M abketten.

Schnürbänder: Jeweils vom
Rand bis zur Mitte 4 Kettm in
die letzte R der Ohrenklappen
häkeln, dann 27 Luftm arbeiten
(siehe auch Modell 15, S. 41,
kleine Fotos). Die 4 letzten
Luftm mit einer Kettm zum Kreis

Modell 19, Variante

schließen und auf den restlichen 23 Luftm zurück zur Ohrenklappe Kettm häkeln. Dann
bis zum Ende der R wiederum
4 Kettm arbeiten. Anschließend
in die Schlaufe der Schnürbänder jeweils 3 Fransen (3-fädig)
von 20 cm Länge einziehen (siehe Anleitung im Anhang, S. 63).
Nach dem Fertigstellen kann die
Mütze je nach Belieben mit
Querstreifen im Kreuzstich be-
stickt werden. Die dafür verwendeten Garnreste sollten
mindestens ebenso dick wie das
Strickgarn sein, dünneres Garn
doppelt oder dreifach nehmen.

Modell 19, Variante

(siehe Foto oben)

▪ Material
Live von Gedifra,
150 g in Dunkelgrün Nr. 1768,
Reste in Hellgrün Nr. 1767;
Nadelspiel Nr. 7;
Häkelnadel Nr. 5;
Sticknadel.

● Muster
Stickmuster: Maschenstich

▼ Maschenprobe
15 R und 12 M = 10 x 10 cm.

Ausführung

Die Mütze wie beim Grundmodell beschrieben arbeiten, die Ohrenklappen jedoch vollständig in Muster 2 str, die Schnürbänder fehlen. Nach dem Fertigstellen der Mütze die Seiten jeweils mit einem hellgrünen Längsstreifen im Maschenstich verzieren.

Modell 20: Mütze mit einfachem Musterstreifen und Ohrenklappen

(siehe Foto S. 46)

■ Material

Live von Gedifra,
150 g in Schwarz Nr. 1714,
je 50 g in Hellblau Nr. 1709
und in Weiß Nr. 1725;
Nadelspiel Nr. 7;
Häkelnadel Nr. 5.

Modell 20, Variante

● Muster

Muster 1: glatt re (in Rd alle M re, in R Hinr re, Rückr li).

Muster 2: kraus (Hin- und Rückr re), in R.

Einstrickmuster: Nach Strickschrift arbeiten.

▼ Maschenprobe

15 R und 12 M = 10 x 10 cm.

Ausführung

50 M (1. Nadel 12 M, 2. Nadel 13 M, 3. Nadel 12 M, 4. Nadel 13 M) in Schwarz anschlagen und in Rd in Muster 1 arbeiten. In der 7.–12. Rd entsprechend

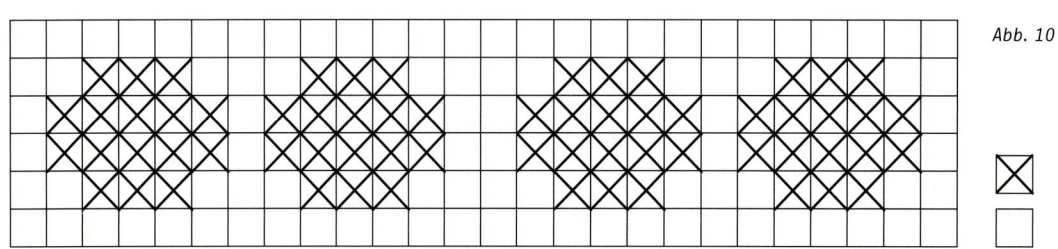

Abb. 10

⊠ hellblau

☐ weiß

2-mal 2 M in Weiß dazwischenarbeiten

der Strickschrift das Einstrickmuster in Weiß und Hellblau einarbeiten (Abb. 10). Anschließend wieder in Schwarz weiterarbeiten. Ab der 20. Rd abnehmen, dafür in jeder 2. Rd auf jeder Nadel die 2. und 3. M sowie die vorvorletzte und die vorletzte M re zusammenstr. So verfahren, bis sich auf 2 gegenüberliegenden Nadeln 3 M und auf den übrigen 2 Nadeln 2 M befinden. In der darauf folgenden Rd auf jeder Nadel 2 M re zusammenstr, sodass insgesamt noch 6 M übrig sind. Wiederum jeweils 2 M re zusammenstr und die restlichen 3 M abketten.

Ohrenklappen: Zunächst für den gemeinsamen Ansatz der Ohrenklappen in Schwarz 37 M aus dem Mützenrand aufnehmen (siehe auch Modell 15, S. 40, kleines Foto) und 4 R str, dabei jeweils die ersten und die letzten 3 M in Muster 2, die übrigen 31 M in Muster 1 arbeiten. In der 5. R die mittleren 5 M ab-

ketten, sodass für die Ohrenklappen, die einzeln ausgearbeitet werden, jeweils 16 M verbleiben. Hierfür pro R die ersten 3 M in Muster 2, die mittleren 10 M in Muster 1, die letzten 3 M wieder in Muster 2 arbeiten. Ab der 11. R in jeder 2. R am Anfang und am Ende je 2 M re zusammenstr. Die 15. und die 16. R vollständig in Muster 2 str, in der 17. R die M abketten. *Schnürbänder:* Jeweils vom Rand bis zur Mitte 4 Kettm in die letzte R der Ohrenklappen häkeln, dann 27 Luftm arbeiten (siehe auch Modell 15, S. 41, kleine Fotos). Auf den Luftm zurück zur Ohrenklappe Kettm häkeln, dann bis zum Ende der R wiederum 4 Kettm arbeiten.

Modell 20, Variante
Damenmodell Größe L
(siehe Foto s. 48)

■ Material
Live von Gedifra,
150 g in Dunkelgrün Nr. 1768,

je 50 g in Rot Nr. 1744 und in Weiß Nr. 1725; Nadelspiel Nr. 7; Häkelnadel Nr. 5.

● Muster
Einstrickmuster: Nach Strickschrift arbeiten.

▼ Maschenprobe
15 R und 12 M = 10 x 10 cm.

Ausführung
54 M (1. Nadel 14 M, 2. Nadel 13 M, 3. Nadel 14 M, 4. Nadel 13 M) in Dunkelgrün anschlagen und wie beim Grundmodell beschrieben arbeiten. In der 7.–14. Rd entsprechend der Strickschrift das Einstrickmuster in Weiß und Rot einarbeiten (Abb. 11).

Anschließend wieder in Dunkelgrün weiterstr. Ab der 22. Rd dem Grundmodell entsprechend abnehmen, die übrige Arbeitsweise der Mütze entspricht ebenfalls der des Grundmodells.

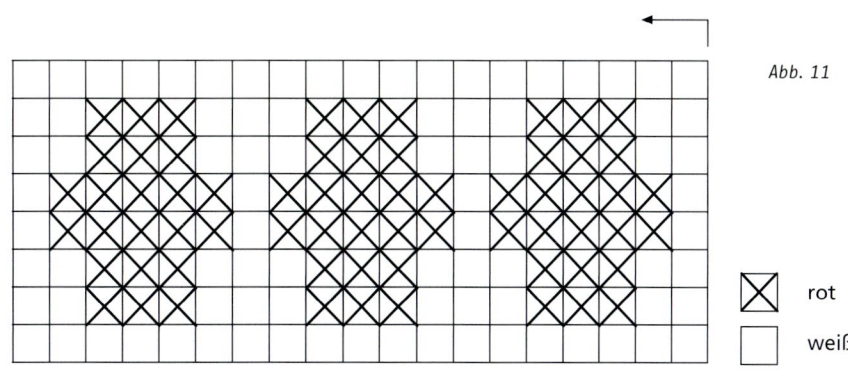

Abb. 11

⊠ rot

□ weiß

Modell 21

bis sich auf 2 gegenüberliegenden Nadeln 3 M und auf den übrigen 2 Nadeln 2 M befinden. In der darauf folgenden Rd auf jeder Nadel 2 M re zusammenstr, sodass insgesamt noch 6 M übrig sind. Wiederum jeweils 2 M re zusammenstr und die restlichen 3 M abketten. Nun an die Mützenspitze 6 Luftm häkeln; in diese 4 fM häkeln, zum Schluss eine Kettm in die Mützenspitze arbeiten.

6 Luftm in die Mützenspitze arbeiten, dann 4 fM und 1 Kettm häkeln.

Modell 21: Kindermütze aus weichem Material

Alter 3–4 Jahre
(siehe Foto oben)

■ Material
Live von Gedifra,
100 g in Hellgrün Nr. 1767,
Mirage von Schachenmayr,
50 g in Weide Nr. 72;
Nadelspiel Nr. 7;
Häkelnadel Nr. 5.

● Muster
Muster 1: glatt re (in Rd alle M re, in R Hinr re, Rückr li).

Muster 2: kraus (Hin- und Rückr re), in R.
Beide Garne zusammenstr.

▼ Maschenprobe
13 R und 9 M = 10 x 10 cm.

Ausführung
38 M (1. Nadel 10 M, 2. Nadel 9 M, 3. Nadel 10 M, 4. Nadel 9 M) anschlagen und in Rd in Muster 1 arbeiten. In der 13. Rd mit den Abnahmen beginnen, dafür in jeder 3. Rd auf jeder Nadel die 2. und 3. M sowie die vorvorletzte und die vorletzte M re zusammenstr. So verfahren,

Ohrenklappen: Zunächst für den gemeinsamen Ansatz der Ohrenklappen 26 M aus dem Mützenrand aufnehmen (siehe auch Modell 15, S. 40, kleines Foto) und 4 R str, dabei jeweils die ersten und die letzten 2 M in Muster 2, die übrigen 22 M in Muster 1 arbeiten. In der 5. R die mittleren 4 M abketten, sodass für die Ohrenklappen, die einzeln ausgearbeitet werden, jeweils 11 M verbleiben. Hierfür pro R die ersten 2 M in Muster 2, die mittleren 7 M in Muster 1, die letzten 2 M wieder in Muster

2 arbeiten. Ab der 11. R in jeder 2. R am Anfang und am Ende je 2 M re zusammenstr. Die 16. und die 17. R vollständig in Muster 2 str, in der 18. R die M abketten.

Schnürbänder: Jeweils 1 Kettm in die letzte R der Ohrenklappen häkeln, dann 24 Luftm arbeiten (siehe auch Modell 15, S. 41, kleine Fotos). Die 4 letzten Luftm mit einer Kettm zum Kreis schließen und auf den restlichen 20 Luftm zurück zur Ohrenklappe Kettm häkeln. Dann wiederum 1 Kettm in den Rand arbeiten. Anschließend in die Schlaufe der Schnürbänder sowie in die Mützenspitze jeweils 2 Fransen (3-fädig) von 20 cm Länge einziehen (siehe Anleitung im Anhang, S. 63).

Modell 21, Variante

Modell 21, Variante
Alter 1–2 Jahre
(siehe Foto oben)

■ Material
Live von Gedifra,
100 g in Hellblau Nr. 1709,
Mirage von Schachenmayr,
50 g in Azur Nr. 55;
Nadelspiel Nr. 7;
Häkelnadel Nr. 5.

Beide Garne zusammenstr.

▼ Maschenprobe
13 R und 9 M = 10 x 10 cm.

Ausführung
36 M (pro Nadel 9 M) anschlagen und wie beim Grundmodell arbeiten. In der 12., 15. und 18. Rd die im Grundmodell beschriebenen Abnahmen vornehmen, dann in jeder 2. Rd abnehmen. Den Rest der Mütze wie beim Grundmodell arbeiten, jedoch für den gemeinsamen Ansatz der Ohrenklappen 24 M aus dem Mützenrand aufnehmen, sodass nach dem Abketten der mittigen 4 M in der 5. R 10 M für jede Ohrenklappe verbleiben. Mit den Abnahmen in der 7. R beginnen und in der 14. R abketten.

Modell 22

Modell 22, Variante 3, S. 55

Modell 22: Mütze mit Jacquardmuster und Ohrenklappen

Herrenmodell Größe M

(siehe Foto links)

■ Material
Live von Gedifra,
100 g in Jeansblau Nr. 1762,
je 50 g in Türkis Nr. 1717,
in Hellblau Nr. 1709
und in Marine Nr. 1702;
Nadelspiel Nr. 7;
Häkelnadel Nr. 5.

● Muster
Muster 1: glatt re (in Rd alle M re, in R Hinr re, Rückr li).
Muster 2: kraus (Hin- und Rückr re), in R.
Einstrickmuster: Nach Strickschrift arbeiten.

▼ Maschenprobe
15 R und 12 M = 10 x 10 cm.

Ausführung
60 M (pro Nadel 15 M) in Jeansblau anschlagen. In der 1.–12. Rd entsprechend der Strickschrift das Einstrickmuster in Marine, Türkis und Hellblau arbeiten (Abb. 12).

Anschließend wieder in Jeansblau weiterstr. Ab der 22. Rd abnehmen, dafür in jeder Rd auf jeder Nadel die 2. und 3. M sowie die vorvorletzte und die vorletzte M re zusammenstr. So verfahren, bis sich auf jeder Nadel 3 M befinden. In den darauf folgenden 2 Rd auf jeder

Nadel 2 M re zusammenstr, dann die restlichen 4 M abketten.

Ohrenklappen: Zunächst für den gemeinsamen Ansatz der Ohrenklappen in Schwarz 38 M aus dem Mützenrand aufnehmen (siehe auch Modell 15, S. 40, kleines Foto) und 4 R str, dabei jeweils die 1. und die letzten 3 M in Muster 2, die übrigen 32 M in Muster 1 arbeiten. In der 5. R die mittleren 6 M abketten, sodass für die Ohrenklappen, die einzeln ausgearbeitet werden, jeweils 16 M verbleiben. Hierfür pro R die ersten 3 M in Muster 2, die mittleren 10 M in Muster 1, die letzten 3 M wieder in Muster 2 arbeiten. Ab der 11. R in jeder 2. R am Anfang und am Ende je 2 M re zusammenstr. Die 16. und die 17. R vollständig in Muster 2 str, in der 18. R die M abketten.

Schnürbänder: Jeweils vom Rand bis zur Mitte 4 Kettm in die letzte R der Ohrenklappen häkeln, dann 27 Luftm arbeiten (siehe auch Modell 15, S. 41, kleine Fotos). Die 4 letzten Luftm mit einer Kettm zum Kreis schließen und auf den restlichen 23 Luftm zurück zur Ohrenklappe Kettm häkeln. Dann bis zum Ende der R wiederum 4 Kettm arbeiten. Anschließend in die Schlaufe der Schnürbänder jeweils 3 Fransen (5-fädig) von 20 cm Länge einziehen (siehe Anleitung im Anhang, S. 63).

Modell 22, Variante 1
Damenmodell mit Pompon
(siehe Foto S. 54)

■ Material
Live von Gedifra,
100 g in Rot Nr. 1744,
je 50 g in Orange Nr. 1721,
in Lila Nr. 1706 und
in Maisgelb Nr. 1720;
Nadelspiel Nr. 7;
Häkelnadel Nr. 5.

● Muster
Einstrickmuster: Nach Strickschrift arbeiten (siehe Abb. 12, S. 53).

▼ Maschenprobe
15 R und 12 M = 10 x 10 cm.

Ausführung
56 M (pro Nadel 14 M) in Rot anschlagen. In der 1. Rd 2 M zunehmen, in der 1.–12. Rd entsprechend der Strickschrift das Einstrickmuster in Lila, Maisgelb und Orange arbeiten (Farbangaben siehe unten). Danach wieder in Rot weiterstr. Ab der 17. Rd in jeder Rd die im Grundmodell beschriebenen Abnahmen vornehmen. Den Rest der Mütze wie beim Grundmodell arbeiten, jedoch für den gemeinsamen Ansatz der Ohrenklappen 37 M aus dem Mützenrand aufnehmen und in der 5. R die mittleren 5 M abketten.

⊠ maisgelb

○ orange

☐ lila

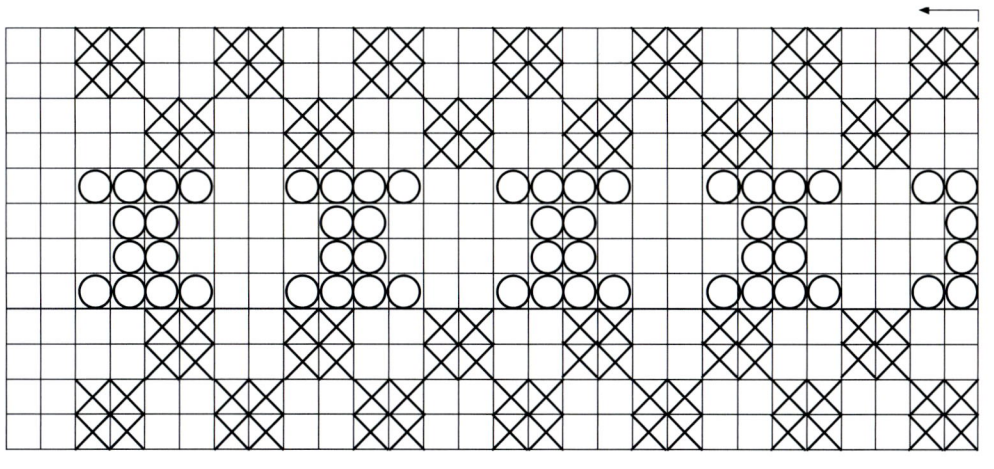

Abb. 12

⊠ türkis

○ hellblau

☐ marine

Modell 22, Variante 1

Muster

Einstrickmuster: Nach Strickschrift arbeiten (siehe Abb. 12, S. 53).

▼ Maschenprobe

15 R und 12 M = 10 x 10 cm.

Ausführung

48 M (pro Nadel 12 M) in Lilarot anschlagen. In der 1.–12. Rd entsprechend der Strickschrift das Einstrickmuster in Orange, Maisgelb und Weiß arbeiten (Farbangaben siehe unten). Danach wieder in Lilarot weiterstr. Ab der 16. Rd in jeder Rd die im Grundmodell beschriebenen Abnahmen vornehmen. Den Rest der Mütze wie beim Grundmodell arbeiten, jedoch für den gemeinsamen Ansatz der Ohrenklappen 30 M aus dem Mützenrand aufnehmen und in der 5. R die mittleren 6 M abketten, sodass für jede Ohrenklappe 12 M verbleiben; ab der 5. R die Ohrenklappen einzeln im Muster 2 arbeiten, in der 9. R mit den Abnahmen beginnen und in der 16. R abketten.

Abweichend vom Grundmodell einen Pompon wie im Anhang beschrieben (siehe S. 63) in Rot erstellen und an der Mützenspitze befestigen.

Modell 22, Variante 2
Kindermodell Alter 1–2 Jahre
(siehe Foto S. 55)

■ Material
Live von Gedifra,
100 g in Lilarot Nr. 1745,
je 50 g in Weiß Nr. 1725,
in Maisgelb Nr. 1720 und
in Orange Nr. 1721;
Nadelspiel Nr. 7;
Häkelnadel Nr. 5.

⊠ orange

◯ weiß

☐ maisgelb

Modell 22, Variante 3
Damenmodell Größe L
ohne Ohrenklappen
(siehe Foto S. 52)

■ Material
Live von Gedifra,
100 g in Dunkelgrün Nr. 1768,
je 50 g in Jeansblau Nr. 1762,
in Rot Nr. 1744 und in
Weiß Nr. 1725;
Nadelspiel Nr. 7;
Häkelnadel Nr. 5.

● Muster
Einstrickmuster: Nach Strick-
schrift arbeiten (siehe Abb. 12,
S. 53).

▼ Maschenprobe
15 R und 12 M = 10 x 10 cm.

Ausführung
60 M (pro Nadel 15 M) in Dunkelgrün anschlagen. In der
1.–12. Rd entsprechend der
Strickschrift das Einstrickmuster
in Jeansblau, Rot und Weiß arbeiten (Farbangaben siehe unten). Anschließend wieder mit
dunkelgrünem Garn str. In der
17. und 18. Rd nur li M arbeiten. Ab der 19. Rd bis zum Ende
auf jeder Nadel die 1. beiden
und die letzten beiden M li str,
die übrigen M in Muster 1 arbeiten; ab dieser Rd auch die Abnahmen vornehmen, dafür in

Modell 22, Variante 2

jeder 2. Rd auf jeder Nadel die
2. und 3. M sowie die vorvorletzte und vorletzte M li zusammenstr. So fortfahren, bis sich
auf jeder Nadel nur noch 4 M
befinden. In der darauf folgenden Rd auf jeder Nadel jeweils
2 M li zusammenstr, sodass sich
nur noch 2 M auf jeder Nadel
befinden. Diese jeweils li zusammenstr und die restlichen
4 M abketten.

Zum Schluss in Dunkelgrün mit
der Häkelnadel fM rückwärts in
den Mützenrand arbeiten
(Krebsm).

⊠ rot

◯ weiß

☐ jeansblau

Modell 23

fortfahren, bis sich auf jeder Nadel nur noch 4 M befinden. In der darauf folgenden Rd auf jeder Nadel jeweils 2 M li zusammenstr, sodass sich nur noch 2 M auf jeder Nadel befinden. Diese jeweils li zusammenstr und die restlichen 4 M abketten.

Schalohrenklappen: Für den gemeinsamen Ansatz der beiden Schalohrenklappen 37 M aus dem Mützenrand aufnehmen (siehe auch Ohrenklappen bei Modell 15, S. 40, kleines Foto) und 4 R in Muster 1 str. In der 5. R die mittleren 5 M abketten, sodass für die 2 Schalohren, die einzeln ausgearbeitet werden, jeweils 16 M verbleiben. Hierfür im Wechsel 3 R in Muster 2 und 3 R in Muster 1 arbeiten. Bei jedem 5. Musterwechsel am Anfang und am Ende je 2 M zusammenstr, bis sich nur noch 4 M auf der Nadel befinden. Die M abketten.

Modell 23: Schalmütze mit flachem Abschluss

(siehe Foto oben)

■ **Material**
Live von Gedifra,
200 g in Hellgrün Nr. 1767;
Nadelspiel Nr. 7.

● **Muster**
Muster 1: glatt re (in Rd alle M re, in R Hinr re, Rückr li).
Muster 2: glatt li (in Rd alle M li, in R Hinr li, Rückr re).

▼ **Maschenprobe**
15 R und 12 M = 10 x 10 cm.

Ausführung
52 M (pro Nadel 13 M) anschlagen und in Muster 1 in Rd arbeiten. In der 3. Rd in der Mitte jeder Nadel jeweils 1 M zunehmen. Bis einschließlich 15. Rd in Muster 1 weiterarbeiten, die 16. und 17. Rd in Muster 2 str. Ab der 18. Rd bis zum Ende auf jeder Nadel die 1. beiden und die letzten beiden M li str, die übrigen M in Muster 1 arbeiten; ab dieser Rd auch die Abnahmen vornehmen, dafür in jeder 2. Rd auf jeder Nadel die 2. und 3. M sowie die vorvorletzte und vorletzte M li zusammenstr. So

Modell 23, Variante 1
Kindermodell Alter 3–4 Jahre
(siehe Foto S. 57 oben)

■ **Material**
Live von Gedifra,
150 g in Rot Nr. 1744,
Salsa von Schachenmayr,
50 g in Weinrot Nr. 31;
Nadelspiel Nr. 7.

▼ **Maschenprobe**
15 R und 12 M = 10 x 10 cm.

Ausführung

48 M (pro Nadel 12 M) anschlagen und bis einschließlich 12. Rd wie beim Grundmodell arbeiten. Die 13. und 14. Rd in Muster 2 str, ab der 15. Rd bis zum Ende auf jeder Nadel die ersten beiden und die letzten beiden M li str, die übrigen M in Muster 1 arbeiten; ab dieser Rd auch die Abnahmen wie beim Grundmodell beschrieben vornehmen. Den Rest der Mütze dem Grundmodell entsprechend arbeiten, jedoch für den gemeinsamen Ansatz der Schalohrenklappen nur 32 M aus dem Mützenrand aufnehmen und in der 5. R die mittleren 4 M abketten, sodass für jedes Schalohr 14 M verbleiben; wie beim Grundmodell beschrieben abnehmen, bis sich nur noch 3 M auf der Nadel befinden. Die M abketten.

Garnwechsel: Bei der Mütze bis einschließlich 13. Rd das rote und das weinrote Garn zusammenstr, die darauf folgenden Rd nur in Rot arbeiten. Bei den Schalteilen 5 R in Rot str, in der 6.–11. R das rote und das weinrote Garn zusammenstr; anschließend im Wechsel 6 R in Rot und 3 R mit rotem und weinrotem Garn arbeiten.

Modell 23, Variante 2

Kindermodell Alter 1–2 Jahre

(siehe Foto rechts unten)

▨ Material

Live von Gedifra,
150 g in Türkis Nr. 1717;
Nadelspiel Nr. 7.

▼ Maschenprobe

15 R und 12 M = 10 x 10 cm.

Ausführung

44 M (pro Nadel 11 M) anschlagen und bis einschließlich 12. Rd wie beim Grundmodell arbeiten. Die 13. und 14. Rd in Muster 2 str, ab der 15. Rd bis zum Ende auf jeder Nadel die ersten beiden und die letzten beiden M li str, die übrigen M in Muster 1 arbeiten; ab dieser Rd auch die Abnahmen wie beim Grundmodell beschrieben vornehmen. Den Rest der Mütze dem Grundmodell entsprechend arbeiten, jedoch für den gemeinsamen Ansatz der Schalohrenklappen nur 30 M aus dem Mützenrand aufnehmen und in der 5. R die mittleren 4 M abketten, sodass für jedes Schalohr 13 M verbleiben; dann wie beim Grundmodell beschrieben abnehmen, bis sich nur noch 3 M auf der Nadel befinden. Die M abketten.

Modell 23, Variante 1

Modell 23, Variante 2

Materialkunde

Wolle

Wolle besteht aus dem langen, steifen und nur wenig gekräuselten Deckhaar sowie dem weicheren, kürzeren und stärker gekräuselten unteren Wollhaar der Schafe. Das Fell des Merinoschafs, eine der vielen ursprünglich aus Spanien stammenden Schafzüchtungen, setzt sich nur aus Wollhaar zusammen. Heute kommt fast die gesamte im Handel erhältliche Merinowolle aus Australien. Lammwolle – die Wolle der ersten Schafschur – ist ebenso weich wie Merinowolle, aber lockerer und weniger reißfest.

In der Wollherstellung wird zwischen Streich- und Kammgarn unterschieden. Das Kammgarn eignet sich für alle feinen Gewebe und zum Handstricken. Es ist ein glattes Garn mit paralleler Faserlage, das im Kammspinnverfahren verarbeitet wird; hierbei werden die Fasern nach dem Auskämmen wiederholt gestreckt und gedoppelt. Rohwolle aus Kammgarn besitzt längere, weichere und weniger gekräuselte Haare, Rohwolle aus Streichgarn weist stark gekräuselte und kurze Haare auf. Streichgarn, dessen Fasern ungleichmäßig angeordnet sind, wird meist als Mischgewebe für Mäntel, Sakkos und gröbere Stoffe eingesetzt; die Oberfläche ist etwas rau und filzig.

Mohair

Mohair besteht aus den meist weißen, glänzenden, weichen und schwach gekräuselten Haaren der Mohairziegen. Die feinen Mohairfasern sind nur schwer in Fäden einzubinden, daher werden sie mithilfe anderer Fasern, z. B. Chemiefasern oder Schurwolle, zusammengehalten. Mohair wird im Kammspinnverfahren verarbeitet. Das Material ist warm und sehr leicht; der Materialverbrauch für eine Strickarbeit ist im Vergleich zu Schafswolle bei gleicher Lauflänge nur halb so hoch.

Für die Modelle dieses Buches verwendete Garne:

Wollgarne
Live von Gedifra (100 % Schurwolle, Lauflänge 35 m/50 g), superwash, Buntwäsche bei 30° C
Gigante von Gedifra (100 % Schurwolle, Lauflänge 30 m/50 g), Flammengarn, Handwäsche lauwarm
for you von Gedifra (100 % Merino extrafine, Lauflänge 125 m/50 g), 6-fädig, superwash, Feinwäsche bei 30° C
Merino von Schachenmayr (100 % Merino, Lauflänge 160 m/50 g), 6-fädig, superwash, Feinwäsche bei 30° C

Mohairgarne
Hair von Schachenmayr (65 % Mohair, 35 % Polyacryl, Lauflänge 190 m/50 g), Kurzhaarmohair, Handwäsche lauwarm

Baumwollgarne
Catania von Schachenmayr (100 % Baumwolle, Lauflänge 125 m/50 g), gekämmt, gasiert, merzerisiert, Buntwäsche bei 40° C

Vision von Schachenmayr (40 % Baumwolle, 40 % Polyacryl, 20 % Polyamid, Lauflänge 115 m/50 g), Baumwollmischbändchen, Feinwäsche bei 40° C
Maori von Gedifra (60 % Baumwolle, 32 % Polyamid (Tactel), 8 % Polyamid, Lauflänge 100 m/50 g), Baumwollmischgewebe, Handwäsche lauwarm
Stardust von Gedifra (65 % Viskose, 35 % Polyester (metallischer Faden), Lauflänge 175 m/25 g), Glanzgarn gezwirnt, Handwäsche lauwarm

Poyamid- und Polyestergarne
Micro Color von Schachenmayr (100 % Mikrofaser, Lauflänge 145 m/50 g), Buntwäsche bei 30° C
Salsa von Schachenmayr (100 % Polyester, Lauflänge 90 m/50 g), Fransengarn, Feinwäsche bei 30° C
Crystal von Gedifra (100 % Polyamid (Tactel), Lauflänge 115 m/50 g), Glanzgarn gestrickt, Feinwäsche bei 30° C
Starlight von Schachenmayr (75 % Polyacryl (Mikrofaser), 16 % metallisierte Faser, 9 % Polyester, Lauflänge 45 m/25 g), Glanzgarn gestrickt, Feinwäsche bei 30° C

Baumwolle

Für dieses Material werden die Samenhaare der subtropischen Baumwollpflanze aus der Gattung der Malvengewächse verwendet. Die Pflanze wird in Indien, Westindien, China, Südosteuropa und den USA angebaut. Die im Handel erhältliche Baumwolle besteht nur aus den langen Fasern. Diese werden zunächst gereinigt, dann wird im Gasierverfahren die Zellulose, die die Faser umgibt, in einem speziellen Bad abgelöst. Nach dem Spinnen der Fäden kann die Baumwolle merzerisiert werden. Hierfür wird sie mit konzentrierter kalter Natronlauge behandelt, was die Reißfestigkeit des Fadens um 15 Prozent steigert. Der Faden erhält zudem

einen seidigen Glanz und die Farben erscheinen nach dem Einfärben intensiver. Die Verarbeitung reiner Baumwolle oder solcher mit Beimischung anderer Materialien wird nach dem Kammspinnverfahren (siehe oben) betrieben.

Aus den kurzen Baumwollfasern werden mithilfe chemischer Verfahren u. a. Viskosefäden hergestellt. Die Fasern werden chemisch zu einem Brei aufgelöst und der Faden wird maschinell gegossen.

Polyamide

Polyamide sind linear aufgebaute Kunststoffe mit Säureamidgruppen als Strukturelemente. Ihr Schmelzpunkt liegt bei über 200° C; nach dem Schmelzen lassen sich synthetische Fasern herstellen, so u.a. Nylon, Perlon, Tactel und Mikrofaser. Alle Fasern sind durch eine hohe Reißfestigkeit, eine hohe Temperaturverträglichkeit und leichte Pflege gekennzeichnet. Mikrofasern und Tactel sind zudem luftdurchlässig und daher beim Verbraucher sehr beliebt. Da Mikrofasern teuer vertrieben werden, sind sie meist mit Mischgeweben versetzt. In fast allen Handstrickgarnen mit Polyamid sind zu einem großen Teil Mikrofasern enthalten.

Polyester
Polyester sind Kunstharze, die als kennzeichnendes Bindeglied Estergruppen enthalten. Es sind linear gebaute und hochmolekulare Fasern, die meist zu Folien und Fäden verarbeitet werden. Bestimmte Kunstharzgruppen lassen sich nach der Verarbeitung nicht mehr schmelzen.

Grundlagen Häkeln

Anfangsschlinge
Für eine Luftmaschenkette wird zunächst eine Anfangsschlinge gebildet. Den Fadenanfang zu einer Schlinge legen und den vom Knäuel kommenden Faden durchziehen.

Luftmasche
1 Umschlag auf die Nadel nehmen und durch die sich auf der Nadel befindende Schlinge ziehen.

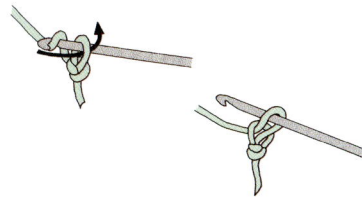

Kettmasche
In eine Masche der Vorreihe einstechen. 1 Umschlag auf die Nadel nehmen und zunächst durch die Masche, dann durch die sich auf der Nadel befindende Schlinge ziehen.

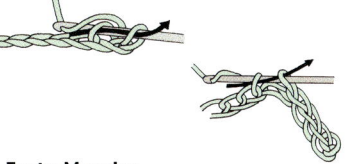

Feste Masche
In eine Masche der Vorreihe einstechen. 1 Umschlag auf die Nadel nehmen und durchziehen. Wiederum 1 Umschlag auf die Nadel nehmen und durch die 2 sich auf der Nadel befindenden Schlingen ziehen.

Halbes Stäbchen
1 Umschlag auf die Nadel nehmen. In eine Masche der Vorreihe einstechen und eine Schlinge durchziehen. Wieder 1 Umschlag aufnehmen und durch die 3 sich auf der Nadel befindenden Schlingen ziehen.

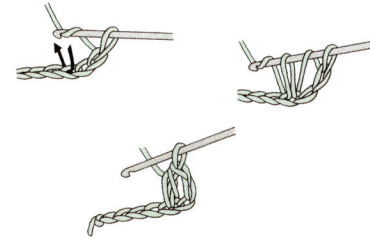

Stäbchen
1 Umschlag auf die Nadel nehmen. In eine Masche der Vorreihe einstechen und eine Schlinge durchziehen. Wieder 1 Umschlag aufnehmen und durch 2 sich auf der Nadel befindende Schlingen ziehen. 1 Umschlag aufnehmen und durch die übrigen 2 Schlingen ziehen.

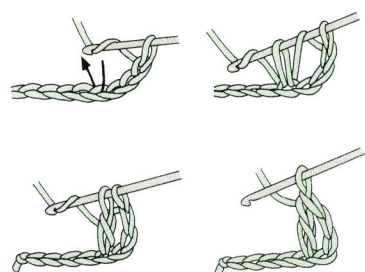

Doppelstäbchen
2 Umschläge auf die Nadel nehmen. In eine Masche der Vorreihe einstechen und eine Schlinge durchziehen. Wiederum 1 Umschlag aufnehmen und durch 2 sich auf der Nadel befindende Schlingen ziehen. Diesen Vorgang noch 2-mal wiederholen.

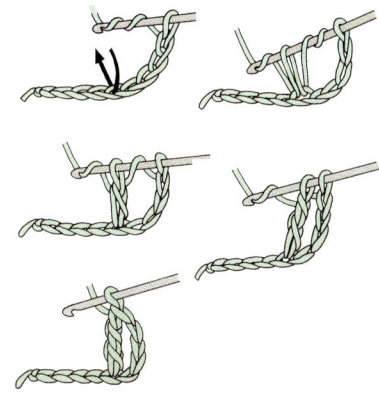

Reliefstäbchen von vorn
1 Umschlag auf die Nadel nehmen und die Nadel von vorn nach hinten um die Masche der Vorreihe führen, dann wie beim Stäbchen fortfahren (auch als fM zu arbeiten).

Reliefstäbchen von hinten
1 Umschlag auf die Nadel nehmen und die Nadel von hinten nach vorn um die Masche der Vorreihe führen, danach wie beim Stäbchen fortfahren (auch als fM zu arbeiten).

Krebsmasche

Feste Masche rückwärts (von links nach rechts) arbeiten. Dazu jeweils in die entsprechende Masche der Vorreihe einstechen, 1 Umschlag auf die Nadel nehmen und durchziehen. Wiederum 1 Umschlag auf die Nadel nehmen und durch die 2 sich auf der Nadel befindenden Schlingen ziehen.

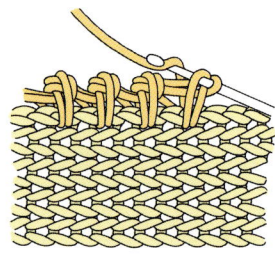

Übliche Einstichstellen für Häkelmaschen

Einstichpunkt in eine Luftmasche

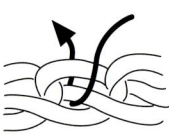

Einstichpunkt in eine Masche der Vorreihe

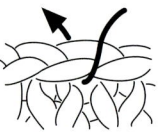

Speziellere Einstichtechniken

In das vordere Glied der Masche der Vorreihe einstechen.

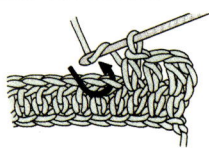

In das hintere Glied der Masche der Vorreihe einstechen.

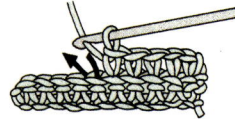

Mausezahn

3 Luftmaschen häkeln, dann in die 1. Luftmasche eine Kettmasche arbeiten.

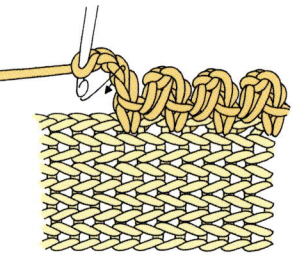

Neuen Faden ansetzen

Wird ein neuer Faden angesetzt, werden die Fadenenden nicht vernäht, sondern überhäkelt. Dafür die Fadenenden auf die zu behäkelnde Reihe legen. Wie in jeweiliger Anleitung beschrieben weiterarbeiten, dabei die Fadenenden umhäkeln.

Häkeln in Runden

Mit einem Luftmaschenring beginnen. Dazu eine Luftmaschenkette in gewünschter Länge häkeln und mit einer in die Anfangsluftmasche gearbeiteten Kettmasche zum Ring schließen. Die Maschen der 1. Runde um den Ring arbeiten. Zum Schließen der Runden jeweils eine Kettmasche häkeln; um die entstehende Naht am Ende der Runden zu kaschieren, wird dabei in die 1. Masche der Vorreihe eingestochen. Im Zunahme- und Anschlagblock der Modellbeschreibungen die 1. Masche der neuen Runde in dieselbe Einstichstelle arbeiten; hier wird zugenommen. In allen anderen Blöcken und ergänzenden Arbeiten ebenso verfahren, jedoch am Anfang oder am Ende jeder Runde 2 Maschen zusammenhäkeln, da die Kettma-

sche gleichzeitig eine neue Masche für die jeweils folgende Reihe bildet. Rd mit fM jeweils mit 2 Luftm beginnen, Rd mit Stb jeweils mit 3 Luftm.

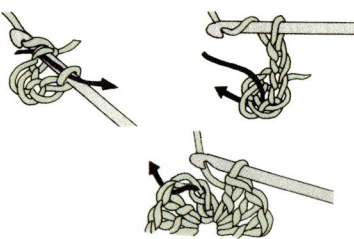

Häkeln in Reihen

Eine Luftmaschenkette in der gewünschten Länge arbeiten und die Maschen der 1. Reihe in die Kette häkeln. Am Anfang jeder Reihe statt der 1. Masche 2–5 Luftmaschen häkeln, die 1. erscheinende Masche übergehen und erst in die 2. erscheinende Masche einstechen. Wenn in die 1. erscheinende Masche eingestochen wird, wird 1 Masche zugenommen. Die letzte Masche jeder Reihe in die obere Luftmasche der Vorreihe arbeiten. Wird in festen Maschen oder in halben Stäbchen gearbeitet, werden am Reihenanfang 2 Luftmaschen gehäkelt, bei Stäbchen 3 Luftmaschen, bei Doppelstäbchen 4 und bei Dreifachstäbchen 5 Luftmaschen.

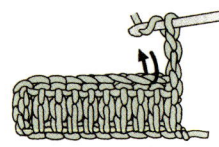

Zeichenerklärung für Häkelschriften

O	Luftmasche
⌒	Kettmasche
I	feste Masche
†	Stäbchen
‡	Doppelstäbchen
⅄	2 Stäbchen zusammenhäkeln
⋀	2 feste Maschen zusammenhäkeln

Grundlagen Stricken

Maschen anschlagen

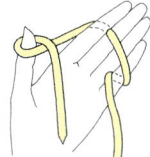

Den Faden um den linken kleinen Finger schlingen und zwischen Zeige- und Mittelfinger nach hinten führen, anschließend von vorn nach hinten über den Daumen wickeln. Jede angeschlagene Masche benötigt 2 cm vom Fadenanfang.

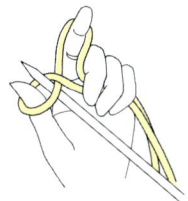

Den Fadenanfang und den vom Knäuel kommenden Faden festhalten und mit der Nadel von unten nach oben in die Daumenschlinge stechen.

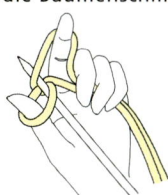

Die Nadel hinter den vom Zeigefinger kommenden Faden führen.

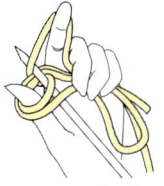

Den Faden durch die Daumenschlinge ziehen und die Schlinge vom Daumen rutschen lassen.

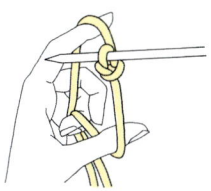

Die Masche fest anziehen, den Daumen wieder nach oben drehen und fortfahren.

Rechte Maschen

Mit der rechten Nadel von links nach rechts in die 1. Masche der linken Nadel einstechen.

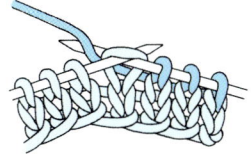

Mit der rechten Nadel den Faden nach vorn durchziehen und die Masche von der linken Nadel rutschen lassen.

Die hinabgerutschte Masche bildet jetzt eine rechte Masche.

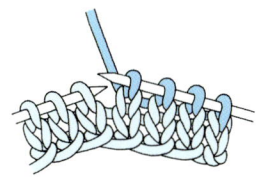

Linke Maschen

Faden vor die Arbeit nehmen und mit der rechten Nadel von rechts nach links in die 1. Masche der linken Nadel einstechen.

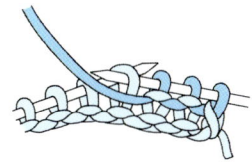

Den Faden von vorn nach hinten um die rechte Nadel schlingen. Die Schlinge nach hinten durch die Masche ziehen.

Die Masche von der linken Nadel heben und den Faden leicht anziehen. Die Masche der Vorreihe bildet jetzt eine linke Masche.

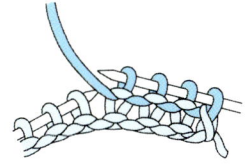

Rundstricken

Die gewünschte Maschenzahl gleichmäßig auf 4 Nadeln verteilt anschlagen. Darauf achten, dass die angeschlagenen Maschen innerhalb des Nadelspiels nach innen weisen.

Die 1. beiden Maschen der 1. Nadel werden mit der 4. Nadel gestrickt. So wird der Übergang beim Schließen der 1. Runde schön straff.

Mit der 5. Nadel die Maschen im gewünschten Muster arbeiten. Nach einigen Runden die letzten 2 Maschen der 4. Nadel wieder auf die 1. Nadel nehmen, damit die Maschenzahl auf jeder Nadel wieder gleich ist.

**2 Maschen rechts zusammen-
stricken**
Von links nach rechts in 2 rechte
Maschen auf der linken Nadel einstechen.

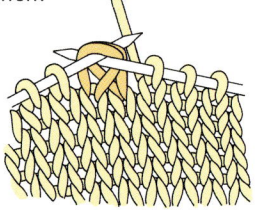

Den Faden wie beim Arbeiten einer
rechten Masche nach vorn durchziehen und beide Maschen von der linken Nadel rutschen lassen.

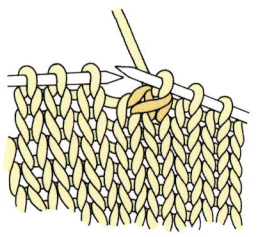

**2 Maschen rechts verschränkt zu-
sammenstricken** (ergibt eine sicht-
bare „Naht")
Von rechts nach links in 2 rechte
Maschen auf der linken Nadel einstechen.

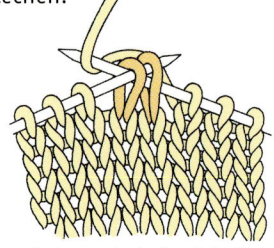

Den Faden wie beim Arbeiten einer
rechten Masche nach vorn durchziehen und beide Maschen von der
linken Nadel rutschen lassen.

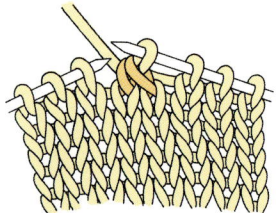

Verschränkt rechts zunehmen
(Zunahme aus dem Querfaden)
Den quer liegenden Faden zwischen

2 Maschen mit der linken Nadel von
vorn nach hinten aufnehmen.
Mit der rechten Nadel von rechts
nach links in die Schlinge einstechen und wie beim Stricken einer
rechten Masche den Faden durchziehen.

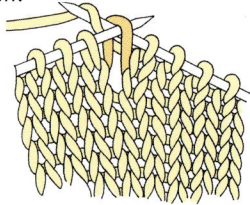

**Eine glatt gestrickte Arbeit abket-
ten**
Die Randmasche und die 2. Masche
rechts abstricken, danach mit der
linken Nadel die Randmasche über
die 2. Masche heben. Nun immer
1 Masche stricken und die 1. Masche
darüber heben.

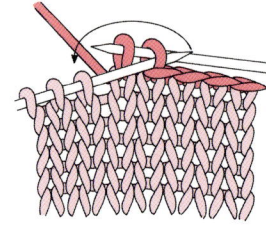

Knötchenrand
In jeder Reihe die 1. und die letzte
Masche rechts stricken.

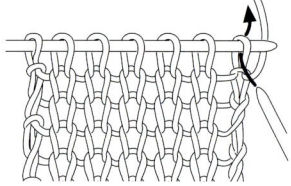

Kettenrand
In den Hinreihen die 1. und die
letzte Masche rechts, in den
Rückreihen die 1. und die letzte
Masche links stricken.

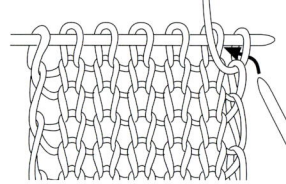

Zweifarbig stricken
Die beiden Farben so um den Zeigefinger schlingen, dass der eine Fa-

den vor, der andere hinter dem Finger geführt wird. Je nach Bedarf
den vorn oder den hinten liegenden
Faden aufnehmen und die Maschen
arbeiten. Den nicht benutzten
Faden locker mitführen.
In den Hinreihen die rechte Nadel
hinter beide Fäden führen, den vorderen Faden von unten aufnehmen
und über den hinteren Faden hinweg nach vorn und durch die
Masche ziehen.

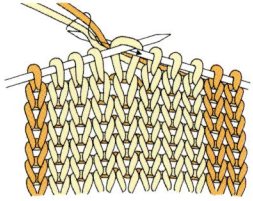

Den hinteren Faden von hinten auf-
nehmen und unter dem vorderen
Faden hinweg nach vorn durch die
Masche ziehen.

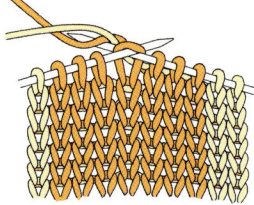

In den Rückreihen den vorderen
Faden abwechselnd 1-mal wie
üblich arbeiten und 1-mal über dem
hinteren Faden hinweg aufnehmen.

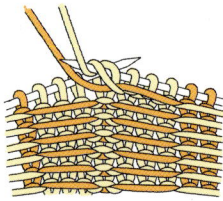

 Den hinteren Faden abwechselnd
1-mal wie üblich arbeiten und 1-
mal von vorn über den vorderen
Faden hinweg aufnehmen. Dann
über den vorderen Faden nach vorn
und durch die Masche ziehen.

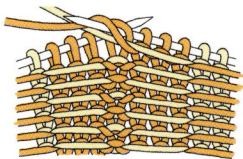

Sticktechniken

Maschenstich

Die 1. Reihe von rechts nach links, die 2. Reihe von links nach rechts arbeiten, die 3. Reihe wieder von rechts nach links usw. Unterhalb der zu bestickenden Masche mittig ausstechen und den Faden hinter der darüber liegenden Masche durchziehen.

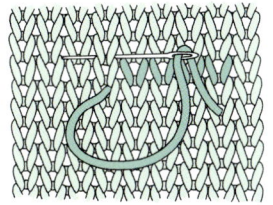

Wieder in die Ausstichstelle einstechen und mittig unterhalb der nächstfolgenden Masche wieder ausstechen.

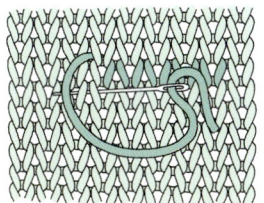

Soll der Maschenstich diagonal versetzt werden, wieder in die Ausstichstelle einstechen und eine Reihe höher nach links oder rechts versetzt ausstechen.

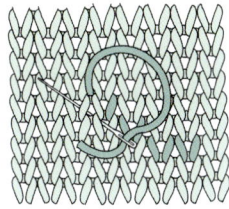

Bei senkrecht angeordneten Maschenstichen wieder in die Ausstichstelle einstechen und oberhalb des Querfadens wieder ausstechen.

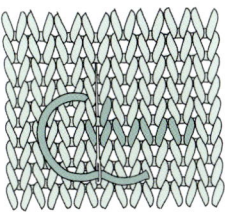

Kreuzstich

Für eine Kreuzstichreihe in der Hinreihe den Grundstich von links unten nach rechts oben arbeiten. Alle Grundstiche zeigen in dieselbe Richtung.

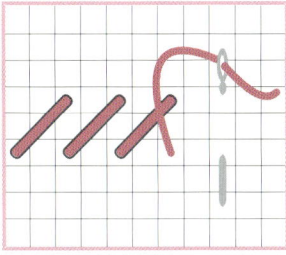

In der Rückreihe den Deckstich von rechts unten nach links oben sticken. Alle Deckstiche zeigen in dieselbe Richtung.

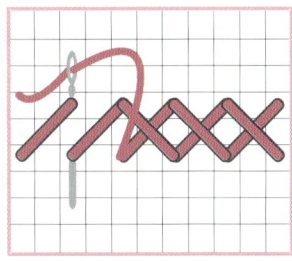

Dekorative Arbeiten

Pompons

2 gleich große Pappringe ausschneiden, aufeinander legen und mit Wolle umwickeln, bis das Loch in der Mitte ganz ausgefüllt ist.

Mit einer Schere zwischen die beiden Papplagen einstechen und die Wollfäden entlang den Ringkanten durchschneiden. Anschließend ein festes Garn zwischen die Pappen schlingen, fest anziehen und gut verknoten.

Den Pompon mit einer Schere zurechtstutzen und mithilfe einer Sticknadel mit den Enden des festen Garns an der Mützenspitze befestigen.

Fransen

Pro Franse 3–4 Fäden von 20 cm Länge zuschneiden und zu einem Bündel zusammenfassen. Mit der Häkelnadel in das Strick- oder Häkelstück einstechen. Die Mitte des Fransenbündels um die Nadel schlingen und durchziehen.

Die Fransenenden durch die entstandene Schlinge holen und festziehen.

Maße Häkelmützen

In der letzten Runde des Abnahmeblocks bitte die Änderung in der
Maschenzahl für Damen- bzw. Her-
renmützen der Maßtabelle für
Strickmützen entnehmen. Für Kindermützen werden außerdem weniger Reihen im Zunahmeblock gearbeitet (ist bei den jeweiligen
Kindermodellen angegeben). In der
Regel gilt: für jede Größe 1 Reihe.

Bei den Modellbeschreibungen
in diesem Buch werden folgende
Abkürzungen verwendet:

Dstb = Doppelstäbchen
fM = feste Masche
Hinr = Hinreihe
hStb = halbes Stäbchen
Kettm = Kettmasche
Krebsm = Krebsmasche
li = links
Luftm = Luftmasche
M = Masche
R = Reihe
Rd = Runde
re = rechts
Rückr = Rückreihe
Stb = Stäbchen
str = stricken
Vorr = Vorreihe
wdh = wiederholen

Maßtabelle Strickmützen

Damen	S	M	L
	(55–57 cm)	(57–58 cm)	(58–60 cm)
	-2 M	*	+2 M
Herren	**S**	**M**	**L**
	(57–58 cm)	(58–60 cm)	(60–62 cm)
	entspricht Damen **M**	+ 2 M	+4 M
Kinder	**1–2 Jahre**	**3–4 Jahre**	**5–6 Jahre**
	(44–46 cm)	(47–49 cm)	(50–52 cm)
	-10 M	-8 M	-6 M

*In der Regel beschriebene Modellgröße.